MAKE THE TRANSITION

Lucy Hamill

French

The Educational Company of Ireland

First published 2009

The Educational Company of Ireland
Ballymount Road
Walkinstown
Dublin 12

A member of the Smurfit Kappa Group

Editor: Stephanie Dagg
Design and Layout: Outburst Design
Cover Image: Shutterstock
Proof-reader: Isabelle Lemée

Artwork: Roger Fereday
Photographs: Alamy, Shutterstock, Corbis, Lucy Hamill, Chris Dagg, Stephanie Dagg, Caitlin Dagg

Printed in the Republic of Ireland by Turner Print Group

Acknowledgements

Sincere thanks to all who helped me in writing this book. Firstly, to my family for their constant encouragement and for sharing my enthusiasm. To Orlaith Nellen (and her husband David) who read everything and provided invaluable feedback. To Stephanie Dagg, my French editor, who delighted me with her wonderful tales from the Limousin area (check out www.lesfragnes.com). To Cora and Robert and all in EDCO for their constant patience and good humour. To Roger Fereday for his cool, imaginative cartoons. To Cathy for not being embarrassed to be with me when I held up the queue in the boulangerie while the boulanger kindly removed a poster from the window.

Last, but not least, thanks to all the students who shared their ideas and showed me their folders of work and Transition Year projects and allowed me to use their photos in this publication. Particular thanks to Lisa Moore, Katherine, Jamie, Felim, Carl, Jonathan Mitchell and Pat Fay. Un grand merci à Michael O'Neill for his super photos and my students in St Paul's College, Raheny, who 'road tested' much of the material.

Learning French in Transition Year is a really exciting and wonderful experience. I hope you enjoy using the book as much as I enjoyed writing it!

Bon courage!
Lucy Hamill

Contents

Unité 1. **Rentrée Zen !** 1

Unité 2. **L'école à ton rythme** 17

Unité 3. **À la télé et au cinéma** 29

Unité 4. **Boîte à musique** 41

Unité 5. **En forme !** 53

Unité 6. **Le travail et le stage professionnel** 69

Unité 7. **Carré d'art** 83

Unité 8. **Passionné(e) par le sport !** 97

Unité 9. **Mangeons bio !** 115

Unité 10. **Grosses bises !** 129

Unité 11. **Terre sauvage** 139

Unité 12. **La science et les inventions** 155

Unité 13. **L'argent ne fait pas le bonheur !** 167

Unité 14. **Transition Extra !** 177

Unité 15. **Transition Aide !** 193

Preface

French is such a beautiful language that writing a textbook in French is an uplifting, exhilarating and fun experience. It's a real excuse to buy tons of magazines and newspapers, CDs and books! The experience is enhanced by writing for Transition Year where there is the freedom to explore new tastes and experiences.

This is a vibrant, lively and interesting magazine-type book that has been organised into different themes with a strong cultural content throughout. Each unit features typical Transition Year activities e.g. Transition Year play, work experience, mini-company etc. There is lots of oral work presented on colour-coded pages throughout the book. Each oral exercise is linked to the theme of the unit and also with activities carried out in Transition Year.

There is also a large amount of oral, listening, comprehension and written exercises integrated throughout the book. Each unit of the book stands alone and can be worked through in the order given in the book or in any order that fits in with other activities happening during Transition Year. 'Passionné(e) par le sport', for example, may be suitable when students are going on a sporting trip.

This book features a combination of exam-type exercises with some lighter activities such as quizzes and fun tasks. In addition, basic grammar (main tenses and major grammar points) is revised in context in each unit.

'Transition Extra!' contains stimulating material that can be used in class at any time as a once-off activity. The exercises are ideal when part of a class is on a field trip or outing.

The last pages of the book have a grid of the numbers 1–100 in French, advice on presenting a document in the oral exam, and hints on answering written questions. This is cross-referenced to questions throughout the book, providing invaluable help for the student. The CD includes all oral sections of the book.

Rentrée Zen !

- Why do Transition Year?
- How to get the best from TY
- The French calendar
- Number revision – Sudoku and a puzzle
- Strange but true!
- Are you superstitious?
- Didier Drogba, Carla Bruni and Oscar Pistorius
- Interview with J K Rowling
- What is success?
- Revision of the countries in Europe

Littérature

ÉCRIVEZ

"La Lettre de Sandrine": Sandrine describes herself for her penpal.

Le garçon en pyjama rayé de John Boyne: Bruno meets a new friend, Shmuel.

PARLEZ

Oral work

Doing work experience; helping others; going on a school trip; doing a project; making a class newspaper; making a quiz in French to celebrate Europe Day.

WEB

Website

http://www.jkrowling.com/fr
http://french.about.com/cs/culture/a/calendar.htm
http://amazone.free.fr/Superstitions/Superstitions.htm

1.1 Pourquoi faire l'année de transition ?

D'après une étude récente conduite par l'IEES (l'Institut Économique et Social), les étudiants qui optent pour l'année de transition ont plus de chance d'obtenir des notes élevées au Bac. Mais l'année de transition offre aux étudiants beaucoup plus.

Avant de passer son Brevet, **Jack** a une décision importante à prendre. Comme l'année de transition n'est pas obligatoire dans son école, il doit décider de la faire ou d'aller directement en cinquième année. Il demande des conseils.

Je m'appelle **Katie** et je viens de finir mon année de transition. C'était une expérience formidable pour moi. C'était une opportunité de développer mes aptitudes personnelles et sociales. La vie en année de transition est beaucoup moins stressée et il n'y avait ni examens ni devoirs. Nous nous sommes bien amusés. Cette année, j'ai commencé un club de sudoku avec mes amis. C'est extra.

Je m'appelle **Dr Miriam Martin** et je suis conseillère d'éducation. Je suis complètement pour l'année de transition. Il y a une grande différence entre le collège et le lycée. On doit apprendre à raisonner et à faire sa propre opinion et à développer ses pensées pour réussir au Bac. C'est un grand saut. Mais pour réussir durant son année de transition, voici quelques conseils :

1. Le cahier de texte est nécessaire. Quand les profs vous donnent du travail, un exposé à préparer, des informations à trouver, il faut toujours noter les dates pour lesquelles ce travail doit être rendu.

2. Il faut respecter la liberté qu'on vous donne ! Ne soyez pas trop détendu(es) ni décontracté(es). Surtout ne séchez pas les cours. Les ados doivent apprécier la liberté que l'année de transition leur donne sans en abuser.

3. Au collège, le prof faisait son cours et l'élève suivait. Ça, c'est fini. Maintenant le prof ne dira pas tout forcément. Les élèves doivent être capables de travail indépendant.
Si vous suivez ces règles, l'année de transition sera la meilleure année de votre vie scolaire.

Je suis **Felim** et Jack, je te conseille de participer à l'année de transition. On a fait un tas d'activités et nous avons travaillé deux fois pendant l'année : juste avant Noël et au mois de mai. En plus, j'ai fait un stage en japonais. Maintenant je sais ce que je voudrais faire dans l'avenir. Je suis plus motivé et je travaillerai plus dur pour mon Bac.

Je ne suis pas d'accord du tout. Je m'appelle **Daniel** et je n'ai pas eu le choix. Dans mon école, tout le monde devait faire l'année de transition. Moi, je n'avais pas envie de passer une année supplémentaire à l'école. Pour moi, c'était une perte de temps ! En plus, c'est difficile de recommencer à étudier dur pour mon Bac maintenant.

Lexique

ne séchez pas les cours   *don't skip class*

A. Pourquoi faire l'année de transition ?

ÉCRIVEZ

Listen to and read the advice given to Jack and fill in as much information as you can in the two grids below.

Name	For or against transition year	Comments made
Katie		
Felim		
Daniel		

Rules for success in transition year	Advice given by Dr Miriam Martin
Rule 1	
Rule 2	
Rule 3	

B. Et vous?

PARLEZ

Et vous ? À deux ou en groupe, posez-vous les questions suivantes :

1. Est-ce que l'année de transition est obligatoire dans votre école? *Oui / Non, elle est …*
2. Qu'est-ce qui vous attire dans l'année de transition ? *C'est …*
3. Avez-vous peur de perdre l'habitude de travailler dur ? *J'ai / Je n'ai pas …*
4. Quand est-ce que vous allez faire votre expérience professionnelle ? *Ce sera au mois de …*
5. Est-ce que vous allez écouter les conseils de Dr Martin ? *Je vais …*

Lexique	
perdre l'habitude de faire quelque chose	*to lose the habit of doing something*
(une) expérience professionnelle	*work experience*

1.2 Au jour le jour

Pour les Français, l'année commence deux fois : au 1er janvier et au début de septembre. En janvier, on a le Nouvel An quand on échange les vœux et on envoie des SMS avec son portable. L'année scolaire commence début septembre. On parle aussi de la rentrée politique en même temps. La France vit en correspondance avec la rentrée scolaire, les vacances scolaires de la Toussaint (1er novembre) quand on rend hommage aux familles et amis morts, les vacances de Noël, les vacances de neige en février (quand beaucoup de Français vont faire du ski) et les vacances de Pâques (Easter). Aujourd'hui, d'autres dates sont respectées : le Ramadan des Musulmans, le grand Pardon des Juifs et le Nouvel An chinois.

juillet	août	septembre	octobre	novembre	décembre
1 M Thierry	1 S Alphonse	1 M Gilles	1 J Thér. de l'E.	1 D Toussaint	1 M Florence
2 J Martinien	2 D Julien-Eym.	2 M Ingrid	2 V Léger	2 L Défunt	2 M Viviane
3 V Thomas	3 L Lydie	3 J Grégoire	3 S Gérard	3 M Hubert	3 J Xavier
4 S Florent	4 M J.-M. Vianney	4 V Rosalie	4 D Fr. d'Assise	4 M Charles	4 V Barbara
5 D Antoine	5 M Abel	5 S Raïssa	5 L Fleur	5 J Sylvie	5 S Gérald
6 L Mariette	6 J Transfiguration	6 D Bertrand	6 M Bruno	6 V Bertille	6 D Nicolas
7 M Raoul	7 V Gaétan	7 L Reine	7 M Serge	7 S Carine	7 L Ambroise
8 M Thibault	8 S Dominique	8 M Nativité N.-D.	8 J Pélagie	8 D Geoffroy	8 M Im. Concept.
9 J Amandine	9 D Amour	9 M Alain	9 V Denis	9 L Théodore	9 M Pierre Fourier
10 V Ulrich	10 L Laurent	10 J Inès	10 S Ghislain	10 M Léon	10 J Romaric
11 S Benoît	11 M Claire	11 V Adelphe	11 D Firmin	11 M Armistice 18	11 V Daniel
12 D Olivier	12 M Clarisse	12 S Apollinaire	12 L Wilfried	12 J Christian	12 S Jean. Fr.-Ch.
13 L Henri, Joël	13 J Hippolyte	13 D Aimé	13 M Géraud	13 V Brice	13 D Lucie
14 M Fête nat.	14 V Evrard	14 L La Ste Croix	14 M Juste	14 S Sidoine	14 L Odile
15 M Donald	15 S Assomption	15 M Roland	15 J Thér. d'Avila	15 D Albert	15 M Ninon
16 J N-D Mt-Carmel	16 D Armel	16 M Edith	16 V Edwige	16 L Marguerite	16 M Alice
17 V Charlotte	17 L Hyacinthe	17 J Renaud	17 S Baudoin	17 M Elisabeth	17 J Gaël
18 S Frédéric	18 M Hélène	18 V Nadège	18 D Luc	18 M Aude	18 V Gatien
19 D Arsène	19 M Jean-Eudes	19 S Emilie	19 L René	19 J Tanguy	19 S Urbain
20 L Marina	20 J Bernard	20 D Davy	20 M Adeline	20 V Edmond	20 D Abraham
21 M Victor	21 V Christophe	21 L Matthieu	21 M Céline	21 S Prés. Marie	21 L Pierre C.
22 M Marie-Mad.	22 S Fabrice	22 M Maurice	22 J Elodie	22 D Cécile	22 M HIVER
23 J Brigitte	23 D Rose de L.	23 M AUTOMNE	23 V Jean de C.	23 L Christ Roi	23 M Armand
24 V Christine	24 L Barthélemy	24 J Thècle	24 S Florentin	24 M Flora	24 J Adèle
25 S Jacques	25 M Louis	25 V Hermann	25 D Crépin	25 M Cath. L.	25 V Noël
26 D Anne, Joach.	26 M Natacha	26 S Côme, Dam.	26 L Dimitri	26 J Delphine	26 S Etienne
27 L Nathalie	27 J Monique	27 D Vinc. de P.	27 M Emeline	27 V Séverin	27 D Jean
28 M Samson	28 V Augustin	28 L Venceslas	28 M Simon, Jude	28 S Jacq. de la M.	28 L Innocents
29 M Marthe	29 S Sabine	29 M Michel	29 J Narcisse	29 D Saturnin	29 M David
30 J Juliette	30 D Fiacre	30 M Jérôme	30 V Bienvenue	30 L Avent	30 M Roger
31 V Ignace de L.	31 L Aristide		31 S Quentin		31 J Sylvestre

Le calendrier

ÉCRIVEZ

La France est divisée en zones. Chaque zone a des vacances semblables. Regardez le calendrier et répondez aux questions.

À quelles célébrations est-ce qu'on associe :
1. Le sapin?
2. La visite des cimetières?
3. Les œufs en chocolat?
4. L'envoi de textos avec ses meilleurs vœux?
5. Une manifestation avec un dragon?

ÉCRIVEZ

Les mois de l'année

Étudiez les mois de l'année et complétez cette grille.

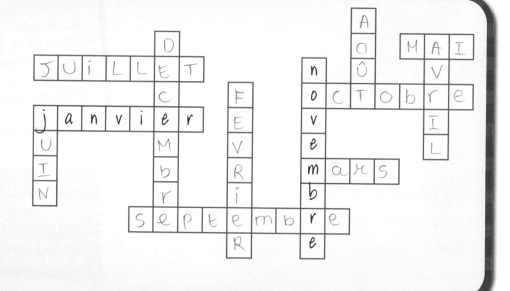

1.3 le calendrier • calendar

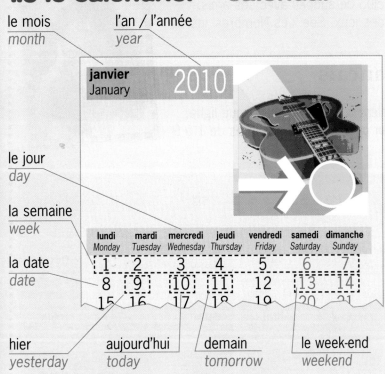

le mois / month

l'an / l'année / year

janvier January 2010

le jour / day

la semaine / week

la date / date

lundi Monday	mardi Tuesday	mercredi Wednesday	jeudi Thursday	vendredi Friday	samedi Saturday	dimanche Sunday
1	2	3	4	5	6	7
8	9	10	11	12	13	14
15	16	17	18	19	20	21

hier / yesterday

aujourd'hui / today

demain / tomorrow

le week-end / weekend

les années • years

1900	mille neuf cents nineteen hundred
1901	mille neuf cent un nineteen hundred and one
1910	mille neuf cent dix nineteen ten
2000	deux mille two thousand
2001	deux mille un two thousand and one

les saisons • seasons

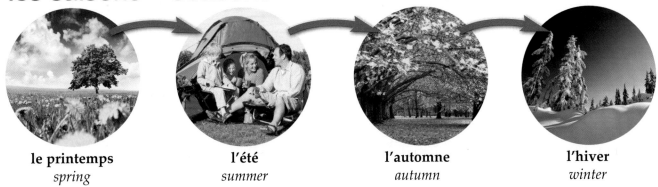

le printemps *spring*

l'été *summer*

l'automne *autumn*

l'hiver *winter*

Et vous?

PARLEZ

À deux, et à tour de rôle : posez-vous les questions suivantes.
Ensuite, écrivez les réponses.

1. Quel est le jour et la date de votre rentrée en année de transition ? *C'est le …*
2. C'est à quelle saison ? *C'est en …*
3. Connaissez-vous les dates de votre premier stage professionnel ? (work experience)
   Je vais commencer le … / Je vais finir le …
4. Citez les dates d'une sortie ou d'un voyage scolaire cette année. *Je vais aller en (à) … le…*
5. C'est quand le prochain jour de congé ? *C'est le …*

Lexique
le jour de congé   day off

ÉCRIVEZ

Sudoku

Katie a dit qu'elle a formé un club de sudoku avec ses amis. Révisez vos chiffres et faites ces jeux. See 'Les Nombres' inside the back cover of the book.

1.4 Sudoku en français

Complétez cette grille de manière à ce que pour chaque ligne, chaque colonne et chaque neuf cases, tous les chiffres de 1 à 9 soient utilisés.

trois	huit	deux	neuf	quatre	cinq	six	sept	un
quatre	neuf	sept	un	trois	six	huit	cinq	deux
cinq	six	un	sept	deux	huit	quatre	neuf	trois
deux	sept	six	trois	cinq	quatre	un	huit	neuf
huit	trois	neuf	deux	sept	un	cinq	six	quatre
un	quatre	cinq	six	huit	neuf	deux	trois	sept
neuf	deux	huit	cinq	un	sept	trois	quatre	six
six	cinq	trois	quatre	neuf	deux	sept	un	huit
sept	un	quatre	huit	six	trois	neuf	deux	cinq

Les chiffres inconnus

La somme de tous ces chiffres est égale à 22 et celle de son premier et dernier chiffre vaut 9.
Le produit des deux premiers chiffres (*when multiplied*) est égal à 30 et celui des deux derniers vaut 24.

1.5 Incroyable mais vrai !

ÉCOUTEZ Listen to these hilarious stories about age and numbers and write the answers below. (Yes! They're all true!)

Sudoku on trial

1. Why was this drugs trial aborted?

2. How many witnesses had been called?

On a plane with his daughter's passport

3. What age was Mark Coshever?

4. What age was his daughter?

5. What was so amazing about him travelling, using his daughter's passport?

Cool Gramp!

6. What age is Buster Martin, the man who holds the world marathon record?

7. Name one substance he attributes his good health to.

Beethoven, the ultrasound system, designed to disperse young people

8. What age group is this machine aimed at?

Baby buys a car on eBay!

9. Where did Rachel go?

10. What age was Adam, her baby?

11. How much did he pay for the car on eBay?

The anti-smoking machine!

12. Explain how this machine works.

1.6 Superstitieux, moi ?

Jamais mais… je ne vais pas passer sous cette échelle et ne faites surtout pas entrer le chat noir !

Vous avez noté que beaucoup de superstitions concernent les chiffres mais savez-vous pourquoi ? Read these articles and answer the questions below.

B. Jamais 13 !

Vous craignez le numéro 13 ? C'est chez les Grecs qu'il faut chercher les origines de cette superstition. Pour eux, le 12 est le chiffre parfait puisqu'il y a douze dieux de l'Olympe. Passer à treize veut donc dire briser l'harmonie. Et à propos, les vendredis 13 ! En France, quand il y a une loterie les vendredis 13, le montant du loto est multiplié par trois ! Aux États-Unis, il n'a pas de treizième rang dans les avions ni de chambre 13 dans les hôtels !

A. Le grand 8 !

Les Jeux Olympiques de Beijing ont commencé le 8 août 2008 à 8 heures 8 minutes parce qu'en Chine le chiffre 8 porte bonheur. Les numéros de téléphone et les plaques d'immatriculation (number plates) avec le 8 se vendent très chers. Souvent les immeubles ont 88 tours et l'airbus A380 a inséré le numéro 8 !

C. La phobie du 4 au Japon !

Au pays des Samouraïs, le chiffre 4 se prononce comme la mort. C'est la version du 13 au pays du Soleil-Levant. Ainsi, on n'offre jamais un cadeau en quatre parties à un Japonais.

D. Briser un miroir – 7 ans de malheur !

Selon la légende, l'image qu'on voit dans le miroir est le reflet de son âme. En cassant le miroir, on libère l'esprit et c'est dangereux ! Mais il existe un antidote ! Jetez les morceaux à l'eau et c'est comme une recréation de son image !

Numbers

Say what associations there are with each of these numbers and give as much detail as possible.

8 In China the 8 is lucky number. The Olympique games of Beijing started the 8 august 2008 in 8 o'clocks 8 mins.

13 The Friday 13; in France the Bingo is multiplied for ③. In USA the number 13 is erased: in the rooms of hotel not 13.

7 Breack mirror is very dangerous! We

4 In contry the Samourais, the number 4 is the death! Never present in 4 parts.

1.7 Le jeu des stars !

En classe de français pendant l'année de transition, chaque élève doit choisir une star, un chanteur ou une chanteuse, un sportif ou une sportive, quelqu'un d'assez bien connu et le/la présenter sans dire son nom. Les autres dans la classe doivent deviner de qui ils parlent.

Michael : Didier Drogba

1. What is Drogba's date of birth?
2. What do you know about his family situation?
3. What fact tells you he's a great footballer?

Harry : Oscar Pistorius

7. What is Oscar's date of birth?
8. What age was he when he had to have his legs amputated?
9. Name two sports he played.
10. What problem does he have as regards being allowed to compete in competitions?

Rachel : Carla Bruni

4. What is Carla Bruni's date of birth?
5. What nationality is she?
6. Why is she famous? (two reasons)

Et vous ?

Choisissez votre star. Faites des recherches et participez au jeu !

Lexique

les personnes valides	able-bodied people
les personnes invalides/ les handicapés	disabled people

1.8 La lettre de Sandrine

Read the extract and answer the questions.

Guérande, le 8 octobre

Chère Laura,

Mon professeur m'a donné ton nom et ton adresse. On va faire un échange! Et bien, je t'écris pour me présenter et pour dire bonjour. J'adore recevoir des lettres – j'ai une correspondante italienne. Elle est gentille, mais le problème c'est qu'elle m'écrit en italien … je suis NULLE en italien! Alors c'est très limité – le temps et la famille – pas énormément intéressant. J'ai une suggestion. Tu m'écris en anglais et je t'écris en français. Comme ça, on peut se connaître mieux. C'est à toi de décider.

Alors je me présente. Pas très intéressant mais allons-y:

Nom: LAMBERT, Sandrine Huguette
Âge: 14 ans
Anniversaire: le 15 octobre (oui c'est mon anniversaire la semaine prochaine)
Taille: 1 m 65
Cheveux: bruns
Yeux: bleus
Signe astrologique: Balance

J'ai une sœur, Valérie, et un petit chien, Taxi. Il est mignon comme tout. Il était mon cadeau d'anniversaire de l'année dernière.

Je l'ai appelé Taxi parce que c'est marrant de se promener dans le parc ou près de la rivière et de crier "Taxi! Taxi!!"

1. How did Sandrine get the name and address of her new penpal?
2. What is the problem she has with her Italian penpal?
3. What suggestion does she make?
4. What age is she?
5. What colour are her eyes?
6. What is her zodiac sign?
7. Who is Valérie?
8. Name her dog.
9. Why has she chosen that particular name?
10. How did she get her dog?

Vos détails personnels

ÉCRIVEZ En utilisant les détails de Sandrine comme guide, faites votre propre fiche personnelle.

1.9 Jamie pendant son année de transition

ÉCOUTEZ **PARLEZ** Jamie entre en cinquième année après avoir passé une année de transition formidable. Le prof de l'année de transition l'invite dans sa classe pour décrire ses expériences.

Bonjour Jamie ? Avez-vous aimé votre année de transition ?
Oui, c'était formidable ! J'ai fait deux stages en entreprise. Le premier était avec un ami de mon père qui est comptable. L'autre était dans un hôpital en centre ville. Ça m'a convaincu de travailler dans le domaine de la médecine plus tard dans la vie. C'était fatigant mais fantastique en même temps !

Très intéressant Jamie, je vous remercie.
De rien.

Avez-vous fait quelque chose pour aider les autres ?
Oui beaucoup. J'ai écrit des lettres au Père Noël pour les enfants de la Société de St Vincent de Paul. Nous avons organisé des cadeaux pour les enfants qui ont besoin d'aide. Aussi j'ai travaillé à Dunnes Stores où je mettais les achats des clients dans des sacs et j'ai collecté 300 euros pour les pauvres en un seul après-midi !

J'ai lu le journal Jamie, c'était super ! Dernière question, Jamie, décrivez quelque chose que vous avez fait en classe de français.
Nous avons organisé un quiz pour l'autre classe de français sur le thème de l'Europe pour fêter la journée de l'Europe le neuf mai.* Nous avons lu des extraits du livre « *Le garçon en pyjama rayé* » en français aussi et nous avons vu le film dans notre classe d'appréciation des films.

Incroyable Jamie. C'est super. Vous avez fait un voyage scolaire ?
J'ai passé un trimestre à l'école Dom Bosco en Mayenne. C'était une expérience exceptionnelle. Je dois admettre que c'était un peu difficile au début. J'ai perfectionné mon français, bien sûr.

Votre classe a réalisé un journal, n'est-ce pas ?
Oui, nous avons réalisé un journal « The Transition Times ». Chacun a proposé des sujets. Puis on a organisé un comité de rédaction pour en discuter. En écrivant les articles, on travaille sur la grammaire et l'orthographe sans s'en rendre compte. On a utilisé les talents de chacun : les dessinateurs, les photographes et les journalistes.

C'est évident, Jamie. Vous avez confectionné un calendrier aussi, n'est-ce pas ?
Oui, j'ai fait un calendrier avec mes amis Eoin et Stephen. Notre prof M. Fay nous a donné un coup de main. Les entreprises locales ont financé le projet grâce à la publicité. Nous étions très satisfaits du résultat.

*Regardez le quiz de Jamie (page 178 Transition Extra !)

1.10 Et vous ?

ÉCRIVEZ

1. Où allez-vous travailler pour votre premier stage en entreprise ? *Je vais travailler.../ Je ne sais pas encore ...*
2. Vous allez aider les autres ? *Je vais ...*
3. Vous allez faire un voyage scolaire ? *Je vais ...*
4. Vous avez l'intention de faire un projet ? *Je vais ...*
5. Dites une chose que vous allez faire en classe de français. *Nous allons ...*

1.11A Interview avec J K Rowling

ÉCOUTEZ

Il faut travailler dur pour réussir son année de transition et dans la vie en général. J K Rowling est quelqu'un qui a travaillé très dur et qui a réussi. Elle a débuté avec l'histoire d'un jeune magicien, Harry Potter, qui porte une cicatrice en forme d'éclair sur le front. Ses aventures ont été vendues à plus de 325 millions d'exemplaires dans le monde entier.

Listen to this fascinating interview and answer the questions below:

1. What does Joanne Rowling say she likes best in life?
2. What does her wealth mean to her?
3. How does she keep her feet on the ground?
4. When Joanne was poor with a young daughter to support, did she ever think of giving up on Harry Potter?
5. How does she feel about the end of Harry Potter?

Lexique
la cicatrice *scar*

1.11B La réussite, c'est quoi?

PARLEZ

La réussite pour JK Rowling, c'était ses livres d'Harry Potter. Mais qu'est-ce que c'est la réussite pour vous ? À deux ou en groupe, numérotez ces idées et ajoutez vos propres idées.

Fonder une famille.	2
Tomber amoureux(se).	1
Avoir une bonne éducation.	3
Gagner beaucoup d'argent.	6
Être célèbre.	4
Voyager partout dans le monde.	7
Aider les autres.	5

Jamie a dit qu'il a lu des extraits du livre « Le garçon en pyjama rayé » pendant son année de transition. À vous de le faire maintenant. Lisez cet extrait et répondez aux questions ci-dessous.

1. – Bonjour, dit Bruno.
– Bonjour, répondit le garçon.
Il était plus petit que Bruno, qui le trouva assis par terre, l'air triste. Le garçon portait le même pyjama rayé que tous les gens de son côté de la barrière, avec le calot en tissu assorti. Il n'avait ni chaussures ni chaussettes et ses pieds étaient sales. Il avait aussi un brassard orné d'une étoile.

2. – J'habite une maison de ce côté-ci de la barrière, dit Bruno.
– Ah bon ? J'ai aperçu la maison de loin une fois mais, toi, je ne t'ai jamais vu.
– Ma chambre est au premier étage, dit Bruno. De ma fenêtre, je vois de ton côté. Au fait, je m'appelle Bruno.
– Moi, c'est Shmuel, dit le garçon.
Bruno plissa le front, pas certain d'avoir bien entendu.
– Comment? demanda-t-il.
– Shmuel, répondit le garçon, comme si c'était la chose la plus naturelle du monde. Et toi, c'est comment?
– Bruno.
– Je n'ai jamais entendu ce nom-là, dit Shmuel.
– Et moi, je n'ai jamais entendu le tien, dit Bruno. Shmuel. (Il réfléchit.) Shmuel, répéta-t-il. J'aime bien le bruit que cela fait quand je dis Shmuel. On dirait le vent qui souffle.
– Bruno, dit Shmuel, en hochant joyeusement la tête. Oui, je crois que j'aime bien ton nom aussi. On dirait quelqu'un qui se frotte les bras pour se réchauffer.
– C'est la première fois que je rencontre un Shmuel.

3. – Il y a des dizaines de Shmuel de mon côté de la barrière, dit le garçon, des centaines probablement. J'aurais bien voulu avoir un nom à moi tout seul.
– Je n'ai jamais rencontré de Bruno, dit Bruno, à part moi, bien sûr. Je crois que je suis le seul.
– Tu as de la chance, remarqua Shmuel.
– Sans doute. Quel âge as-tu ? demanda-t-il.
Shmuel réfléchit et remua les doigts, comme pour compter.
– J'ai neuf ans. Je suis né le 15 avril 1934. Bruno le regarda d'un air surpris.
– Qu'est-ce que tu as dit ? demanda-t-il.
– J'ai dit que j'étais né le 15 avril 1934.
Bruno écarquilla les yeux et sa bouche dessina un O.
– Je ne peux pas le croire, dit-il.
– Pourquoi ? demanda Shmuel.
– Non, répondit Bruno en secouant vivement la tête. Je ne voulais pas dire que je ne te croyais pas, mais je suis surpris, c'est tout. Parce que mon anniversaire est le 15 avril aussi. Et je suis né en 1934. Nous sommes nés le même jour.
Shmuel réfléchit.
– Alors tu as neuf ans.
– Oui. C'est étrange, non ?
– Très étrange, répondit Shmuel. Il y a des dizaines de Shmuel de mon côté de la barrière, mais pas un qui soit né le même jour que moi.
– Nous sommes presque jumeaux, dit Bruno.

4. – D'où tu viens ? demanda Shmuel, en plissant les yeux et en regardant Bruno avec curiosité.
– De Berlin.
– Où c'est ?
Bruno ouvrit la bouche pour répondre mais s'aperçut qu'il ne savait pas vraiment.
– En Allemagne, évidemment, dit-il. Tu n'es pas allemand ?
– Non, polonais, répondit Shmuel.

ÉCRIVEZ

Questions sur le texte

Section 1

1. Cochez la bonne case : (Section 1)

   a) Shmuel était plus grand que Bruno.
   b) Shmuel était de la même taille que Bruno.
   c) Shmuel était moins grand que Bruno.

   c)

2. Shmuel avait les pieds nus.   Vrai ☒ Faux ☐

3. Qu'est-ce que l'étoile signifie ?
   a) que Shmuel était juif.
   b) qu'il aimait l'astrologie.
   c) c'était simplement une décoration.

   a)

Section 2

4. Où se trouvait la chambre de Bruno ?

Au 1er étage. De la fenêtre de sa chambre il voit le côté de Shmuel.

5. Citez la phrase qui vous dit que Bruno était perplexe d'entendre le nom de Shmuel.

"Bruno plissa le front, pas certain d'avoir bien entendu."

6. D'après Shmuel, le son du nom Bruno ressemble à quoi ?

A quelqu'un qui se frotte les bras pour se réchauffer.

Section 3

7. Pourquoi pensez-vous qu'il y a des dizaines de Shmuel derrière la barrière ?

Shmuel le dit. et c'est un nom juif

Section 4

8. Quelle est la nationalité de Bruno ?

Bruno est Allemand.

9. A number of factors lead to the instant friendship between Bruno and Shmuel.
Comment on this referring to the text. (Two points.)

Révision des pays et des régions

Regardez et révisez le nom des pays en Europe. Ensuite, écrivez l'abréviation suivie par le nom du pays.

Exemple :
SK : la Slovaquie.
LV : la Lettonie.

PO	*Portugal*	S	*Suède*
NL	*les pays-bas*	RO	*Roumanie*
IRL	*Irlande*	I	*Italie*
F	*France*	E	*Espagne*
B	*Belgique*	GB	*grande Bretagne*

1. l'Irlande • Ireland
2. le Royaume-Uni • United Kingdom
3. le Portugal • Portugal
4. l'Espagne • Spain
5. la France • France
6. la Belgique • Belgium
7. les Pays-Bas • Netherlands
8. le Luxembourg • Luxembourg
9. l'Allemagne • Germany
10. le Danemark • Denmark
11. la Norvège • Norway
12. la Suède • Sweden
13. la Finlande • Finland
14. la Lettonie • Latvia
15. la Lituanie • Lithuania
16. la Pologne • Poland

17. la République Tchèque • The Czech Republic
18. l'Autriche • Austria
19. la Suisse • Switzerland
20. l'Italie • Italy
21. la Corse • Corsica
22. la Sicile • Sicily
23. Malte • Malta
24. la Slovénie • Slovenia
25. la Croatie • Croatia
26. la Hongrie • Hungary
27. la Slovaquie • Slovakia
28. la Roumanie • Romania
29. la Grèce • Greece
30. la Turquie • Turkey
31. Chypre • Cyprus

L'école à ton rythme !

Grammaire

GRAMMAIRE

Revision of the present tense.

- School in France
- Transition Year timetable
- New and exciting activities
- Irish school life
- Journal intime: first day terror!
- L'immersion totale: foreign students in Ireland
- Katherine's plans for TY
- Incroyable mais vrai !
- Cool School

Oral Work

PARLEZ

Reading, cultural and sporting activities; going to the Gaeltacht (Colaiste Uisce); taking part in the Cool School anti-bullying programme; absenteeism in Transition Year; going to a French school for a term; designing a new school jacket; raising money for a new school bus for a school in Ecuador; creating a school garden.

Website

WEB

www.nehb.ie/coolschoolbullyfree/default.htm
fr.wikipedia.org/wiki/Nicolas_Sarkozy
http://www.lepost.fr/article/2009/01/03/1372883_les-bonnes-resolutions-au-lycee.html

2.1 L'école en France

« L'école est le berceau de la République », a dit Lionel Jospin, homme politique français.

Tout commence quelques mois après la naissance des bébés quand on peut les placer dans les crèches. Les deux à cinq ans vont à la maternelle et à l'âge de six ans, ils commencent l'école primaire où ils apprennent à lire et à écrire, un peu de mathématiques et d'histoire. À l'âge de onze ans, on va au collège. Les matières étudiées sont le français, les maths, le dessin, deux langues normalement, les sciences, l'informatique (*computer studies*). Les journées sont longues et chargées. L'équivalent du Junior Cert est le Brevet des Collèges.

Le Lycée et après

L'étape suivante est le lycée et c'est là où les élèves choisissent leur spécialité. À la fin de la terminale, on passe le Bac – un examen national comprenant des épreuves orales et écrites. Plus de 70% réussissent cet examen et ça leur donne accès à l'université, mais on peut aussi aller dans des écoles plus techniques où l'on peut étudier la mécanique, la vente ou la coiffure et passer un CAP (Certificat d'Aptitudes Professionnelles) ou un BEP (Brevet d'Études Professionnelles).

L'école pour tous

Grâce à la Révolution, on a le principe d'une instruction pour tous. C'était Napoléon qui a décidé que l'État aurait le monopole de l'enseignement et la 3ème République a adopté les lois de Jules Ferry en créant l'école primaire laïque, gratuite et obligatoire. Aujourd'hui, l'école est obligatoire jusqu'à l'âge de seize ans et elle est gratuite jusqu'à l'université mais les écoles privées existent aussi, sous contrat avec l'État.

Les changements de Sarkozy

Le président Sarkozy a introduit plus de morale et d'instruction civique à l'école primaire. Tout le monde doit se lever pour la Marseillaise (l'hymne national). Quelques enseignants ne sont pas contents parce qu'ils pensent que c'est l'affaire des parents.

En France, 75 000 Juifs ont été tués pendant la 2ème Guerre Mondiale dont 11 000 enfants. Nicolas Sarkozy a demandé que chaque élève de CM2 (cours moyen 2, l'équivalent de 5th class) soit sensibilisé aux atrocités qui ont été commises à cette période.

Lexique

le berceau	cradle	laïque, gratuite et obligatoire	lay, free and compulsory
la naissance	birth	l'hymne national	national anthem
l'informatique	computer studies	les enseignants	teachers
chargées	packed full	sensibilisé aux	made aware of
l'étape suivante	the next stage		

A. Questions

Complete the following sentences:

1. Lionel Jospin's quote means …
2. Kindergarten in French is called …
3. In primary school, children learn to …
4. Children start primary school when they are …
5. The equivalent of the Leaving Cert is the …
6. If you don't go to university and you want to continue qualifying for a job, you …
7. Jules Ferry is responsible for …
8. School is _____ , _____ and _____ up until the level of university.
9. Nicolas Sarkozy wants to introduce more classes in …
10. To make French children aware of the horrors of what happened to Jewish children during the Second World War, each child …

B. Vocabulaire sur l'école

Regardez encore une fois le texte et faites une liste de vocabulaire sur l'école.

2.2 L'emploi du temps

Regardez **l'emploi du temps de Katherine,** élève en année de transition. Utilisez votre dico si nécessaire.

Classes	LUNDI	MARDI	MERCREDI	JEUDI	VENDREDI
1	yoga	informatique	E.P.S.	arts ménagers	natation
2	informatique	maths	E.P.S.	français	anglais
3	philosophie	français	architecture	tricot	maths
PETITE RECRÉATION					
4	arts plastiques	anglais	E.R.	maths	science
5	anglais	musique	anglais		E.R.
L'HEURE DU DÉJEUNER					
6	maths	science	sortie	préparation	irlandais
7	histoire/géo	science	sortie	pour la pièce	français
8	commerce	irlandais	sortie	de	multimédia
9	cours de morale	orientation	sortie	théâtre	permis de conduire (théorie)

1. Quelle est le jour le plus académique de la semaine ?
2. Quand est-ce que Katherine doit apporter son maillot de bain à l'école ?
3. Quel est son jour préféré d'après vous ? Dites pourquoi.
4. Elle ne sait pas quel métier faire dans le futur. Quel cours va l'aider à choisir ?
5. Son école va présenter une pièce de théâtre avec l'école de garçons d'à côté. Quand est-ce que les deux écoles travaillent ensemble ?

Et vous ?

Faites votre propre emploi du temps. (Vous préférez votre emploi du temps ou celui de Katherine ?)

2.3 Activités en transition

Pour encourager et motiver les jeunes en année de transition, quelques élèves de cinquième année dans l'école de Katherine et dans l'école des garçons ont fait une présentation en français pour la classe de Katherine sur leurs activités pendant leur année de transition.
Listen carefully to what the students say and answer the questions below.

Zach describes the differences between the school system in France and here in Ireland.

1. Give two differences:

(a) ....Start at 8:30 a.m. at 17:00....

(b) ....not uniforme....

2. What achievement are Colin and his friends really proud of?

....new anorak (grey and black)....

3. (a) What did Susan and her classmates do to help children in Ecuador?

....recolt the money for have a bus for that the children all day in school.

(b) How did she help those with learning difficulties in her own school?

....for the children who don't know reading and writing.

(c) What days of the week are mentioned by her? ....The Tuesday and Thursday in lunch.

4. (a) What did Nathan say about his school? ....

....

(b) What did he and his friends do in transition year? ....

....

(Jacket image labels) pochette de portable · pochette d'ipod · bandes réfléchissantes · poche d'argent

Une lettre

ÉCRIVEZ

Comme vous l'avez entendu, Zach a passé un trimestre en France et il a noté beaucoup de différences entre les écoles en France et en Irlande. Écrivez une lettre à votre correspondant(e) en décrivant l'école en Irlande.

Mémo
L'école commence à .... heures le matin.
L'école finit à ... heures l'après-midi.
Les cours durent ...
L'heure du déjeuner...

See page 34 for time revision and page 190 of Transition Extra for another exercise on school routine.

2.4 Journal intime

Imaginez que vous êtes Zach. Vous venez de passer votre première journée à l'école en France; votre famille et vos amis vous manquent et vous trouvez l'école tout à fait différente. Qu'est-ce que vous notez dans votre **journal intime**?

Zach spoke about his trips to France. As you know, learning a language is not easy. The ideal way to learn a language is to speak and live it. This is called 'immersion totale' or 'prendre un bain linguistique'.

Immersion totale à DUBLIN

Améliorez votre anglais dans la capitale pittoresque de "l'Emerald Isle" au pays de la Guinness grâce à la CCI de l'Oise, INLINGUA et le Centre de English Studies (CES) à Dublin. Partenaire depuis 1979, le Centre de English Studies est réputé comme étant le meilleur centre de formation d'anglais en Irlande. Idéalement situé au coeur de Dublin, le CES vous offre toutes les commodités de déplacement, de visites, de divertissements culturels et d'établissements de restauration, aussi bien traditionnels qu'internationaux. Nous vous proposons des stages d'une semaine comprenant des cours et l'hébergement en famille d'accueil avec des formules adaptées à tous les niveaux et les budgets. Pendant l'été, des cours pour les jeunes à partir de 10 ans sont proposés grâce au programme International Summer School. Pour se rendre à Dublin, rien de plus simple au départ de Beauvais grâce aux quatre vols quotidiens à l'aéroport de Beauvais-Tillé qui desservent la capitale irlandaise en moins d'une heure.

À Dublin

Répondez aux questions suivantes en français.

1. Citez une raison pour visiter "l'île d'émeraude".
2. Le CES existe depuis combien de temps ?
3. Quelle est la réputation du CES ?
4. Nommez trois avantages de faire des études dans ce collège.
5. Un stage dure combien de temps ?
6. Où est-ce que les étudiants habitent pendant leur stage ?
7. Relevez la phrase qui vous dit que le CES donne des cours aux débutants.
8. Mettez la bonne lettre dans la case.

   (a) Le vol de Beauvais à Dublin dure moins d'une heure.

   (b) Le CES est situé à une heure de Dublin.

   (c) Il y a quatre vols par semaine entre Beauvais et Dublin.

2.5 Grammaire. Le Présent de l'indicatif

Vous avez noté ?

« *Je m'appelle* **Zach**. *Il y a* ... *La journée commence très tôt ... la sonnerie sonne la fin de classe.* » These underlined verbs are in the present tense.

Firstly a reminder of *les pronoms*:

je	*I*	**nous**	*we*	
tu	*you*	**vous**	*you*	
il	*he*	**ils**	*they (masculine)*	
elle	*she*	**elles**	*they (feminine)*	
on	*we/they*			

Next, the three main families of regular verbs:

-er verbs	-ir verbs	-re verbs
chanter (to sing)	**pâlir (to go pale)**	**perdre (to lose)**
je chant**e**	je pâl**is**	je perd**s**
tu chant**es**	tu pâl**is**	tu perd**s**
il chant**e**	il pâl**it**	il perd
elle chant**e**	elle pâl**it**	elle perd
on chant**e**	on pâl**it**	on perd
nous chant**ons**	nous pâl**issons**	nous perd**ons**
vous chant**ez**	vous pâl**issez**	vous perd**ez**
ils chant**ent**	ils pâl**issent**	ils perd**ent**
elles chant**ent**	elles pâl**issent**	elles perd**ent**

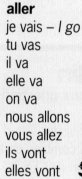

Now a look at some irregular verbs :

avoir	être	aller
j'ai – *I have*	je suis – *I am*	je vais – *I go*
tu as	tu es	tu vas
il a	il est	il va
elle a	elle est	elle va
on a	on est	on va
nous avons	nous sommes	nous allons
vous avez	vous êtes	vous allez
ils ont	ils sont	ils vont
elles ont	elles sont	elles vont

il y a – *there is / there are*
c'est – *it is*

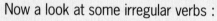

More irregular verbs:

connaître
je connais *I know (a person)*
tu connais
il connaît
elle connaît
on connaît
nous connaissons
vous connaissez
ils connaissent
elles connaissent

devoir
je dois *I have to*
tu dois
il doit
elle doit
on doit
nous devons
vous devez
ils doivent
elles doivent

faire
je fais *I do / make*
tu fais
il fait
elle fait
on fait
nous faisons
vous faites
ils font
elles font

boire
je bois *I drink*
tu bois
il boit
elle boit
on boit
nous buvons
vous buvez
ils boivent
elles boivent

pouvoir
je peux *I can / may*
tu peux
il peut
elle peut
on peut
nous pouvons
vous pouvez
ils peuvent
elles peuvent

vouloir
je veux *I wish / want*
tu veux
il veut
elle veut
on veut
nous voulons
vous voulez
ils veulent
elles veulent

Here are some further irregular verbs:

je crois – *I believe*
je lis – *I read*
je prends – *I take*

je dis – *I say / tell*
je mets – *I put*
je sors – *I go out*

j'écris – *I write*
je pars – *I leave*
je viens – *I come*

ÉCRIVEZ

Verbs

A. Fill in the correct form of these verbs and write what they mean in English. These are all based on the first 6 verbs you have revised (see page 22).
1. je (parler)
2. je (finir)
3. il (aller)
4. je (rendre)
5. je (aller)
6. il (choisir)
7. nous (être)
8. elle (rougir)
9. il (avoir)
10. elles (chercher)

B. Translate the following (based also on page 22).
1. I go pale
2. I have
3. he goes
4. there is
5. they (m) finish
6. he has
7. we speak
8. I am
9. she finishes
10. we sell

C. Put in the correct form of the verb in each of the sentences below.
(Based on all the verbs you have revised.)

1. je (savoir) _sais_ .
2. il (avoir) _a_ .
3. vous (connaître) _connaissez_ .
4. je (porter) _porte_ .
5. Marie (prendre) _prend_ .
6. nous (boire) _buvons_ .
7. je (devoir) _dois_ .
8. je (faire) _fais_ .
9. il (connaître) _connaît_ .
10. je (vouloir) _veux_ .
11. je (pouvoir) _____ .
12. nous (aller) _allons_ .
13. je (croire) _crois_ .
14. ils (avoir) _ont_ .
15. Thierry et Nicole (pouvoir) _peuvent_ .

ÉCRIVEZ

Verbes

Regardez encore une fois l'article « Immersion Totale à Dublin ». Faites une liste de tous les verbes en français et leur équivalent en anglais.

ÉCRIVEZ

2.6 Les idées de Katherine

Influencée par les vacances de Zach, Katherine a noté ce qu'elle fait pendant son année de transition pour son correspondant français avec qui elle va passer un trimestre.

« Je (s'appeller) ……………………..…………… Katherine, et j'

(habiter) ……………………..…………… Kilmacud et je (aller)

……………………..…………… à l'école à Mount Anville qui (se trouver) ……………………..……………

près de chez moi. J' (adorer)……………………………………………… ma vie en année de transition. Ça

(représenter) …………………………………… un petit repos après le travail dur du Brevet. J' (aimer)

……………………..…………… la liberté. Les profs ne (être) …………………………..…………… pas toujours

derrière toi pour vérifier ton travail. Ils te (faire) …………………………… confiance et te (juger)

……………………..…………… capable de t'organiser. Les devoirs (être) ……………………………………

souvent donnés longtemps à l'avance et tu (devoir) …………………………… t'organiser afin de

ne pas être stressé pour tout rattraper. Je (être) …………………………… en train de m'organiser

pour mon séjour chez toi. Je (photocopier) …………………………… mon passeport et mes billets

d'avion. J' (avoir) …………………………… une carte bleue et une nouvelle paire de lunettes de

soleil. Ma grand-mère qui (habiter) …………………………………… Westport me (donner)

…………………………… 300 euros. Elle me (gâter) …………………………………… toujours !

2.7 Incroyable mais vrai !

The music exam that hit the right note!

1. Where did this exam take place?..

2. Why were the pupils delighted with the exam?...

3. How many students sat the exam?...

Nintendo DS in Tokyo schools

4. In which subjects is the Nintendo DS being used?...

5. What is teacher Mokoto Okubu's comment?...

Bad grammar for Australian teachers?

6. What was the problem with the grammar guide for teachers?..

2.8 Bonnes résolutions

Les bonnes résolutions pour réussir son année de transition.

Dr Miriam Lapierre a écrit plusieurs livres pour ceux qui souhaitent préparer et réussir leur entrée au lycée. Ses conseils sont aussi parfaits pour vous en année de transition. Écoutez son interview et remplissez la grille.

	Advice offered by Dr Miriam Lapierre
1	
2	
3	
4	

2.9 Charlie fait son épreuve orale

Charlie a fait son année de transition l'année dernière et comme il parle couramment français, il fait une présentation pour la classe de transition en français et on lui pose des questions.

Qu'est-ce que vous avez fait d'intéressant pendant votre année de transition ?
J'ai lu beaucoup de livres et j'ai fait plus d'activités sportives et culturelles. En plus, j'ai appris une nouvelle langue, l'italien.

Qu'est-ce qui vous avez plu le plus ?
Nous avons monté une pièce de théâtre « Grease » avec l'école des filles qui se trouve à côté et j'y ai rencontré ma petite amie. Elle était la chanteuse principale.

Vouz avez fait un séjour à l'étranger ?
Non, mais je suis allé au Gaeltacht à Colaiste Uisce pendant cinq jours avec mes amis. Il y avait 70 étudiants dans notre groupe. Nous avons étudié l'irlandais le matin et l'après-midi, on a fait du surf, de la planche à voile et des activités nautiques.

Dernière question. Vous avez aimé votre année de Transition ?
C'était superbe ! Je dois admettre que j'ai adoré le fait qu'il n'y avait pas à faire de devoirs même si j'avais beaucoup de dossiers à préparer, je n'étais pas obligé de faire beaucoup de devoirs chaque soir.

Il y avait quelque chose que vous n'avez pas aimé pendant votre année de transition ?
Je n'aimais pas le fait qu'il y avait plus d'absentéisme. Il était plus difficile pour les profs de gérer les absences et je crois que c'est très important de venir en classe, car c'est le seul moyen d'améliorer ses résultats plus tard.

Vous avez aussi participé au mouvement « Cool School », n'est-ce pas ?
Oui, la violence dans les écoles a toujours existé mais on ne la tolère plus maintenant. Nous avons aidé les profs et les parents à créer un plan pour lutter contre le harcèlement. Ensuite nous avons trouvé un moyen de résoudre les conflits avec l'aide de Frances O'Connell de l'initiative « Cool School ». L'essentiel est de favoriser le dialogue et de trouver une solution qui convient à chaque parti.

Ça a réussi ?
Oui, très bien. On a une meilleure ambiance au lycée et il y a plus de respect les uns envers les autres.

Et vous ?

PARLEZ

À deux ou en groupe, posez-vous les questions suivantes :

1. Vous avez de nouvelles matières cette année ? *Je commence …*
2. Vous avez l'intention de participer à une pièce de théâtre ? *Je veux …*
3. Vous voulez apprendre à conduire ? *Nous avons / Nous n'avons pas la possibilité …*
4. On vous donne des devoirs à faire le soir ? *Oui / Non …*
5. Qu'est-ce qui vous plaît le plus pendant votre année de transition ? *J'adore…*

2.10 Des profs étranges

When Lola returns back to school after the holidays, everything seems very strange…

1. Le 2 septembre, c'est la rentrée des classes. Lola, son sac sur le dos et les mains dans les poches, arrive devant son nouveau lycée. Il ressemble beaucoup à son ancien collège: des murs gris, une cour triste et trois arbres sans vie dans la cour ….
«Ça commence mal» pense Lola.

Elle lit la liste des élèves sur le mur et sourit: cette année encore, Nadia, Julie et elle seront dans la même classe. Ce sont les trois meilleures copines du monde! Oh! Il y aura aussi Annabelle, son ennemie de toujours. Chaque année, depuis la classe de sixième, elles se battent pour les meilleures notes en rédaction. Les autres noms, Lola ne les connaît pas.
«On verra bien» se dit-elle.

2. Le proviseur attend les élèves de seconde dans la grande salle du lycée Paul Éluard. Il présente les professeurs: maths, monsieur Noir. Histoire, madame Rose. Biologie, monsieur Vert … et Lola découvre les nouvelle têtes. C'est étrange, tous ces profs se ressemblent … Les femmes sont habillées en bleu, elles ont toutes le même visage triste. Mêmes yeux, même oreilles, mêmes cheveux. Un peu comme des clones ….

Un homme aux vêtements gris prend la parole:

«Bonjour, je m'appelle monsieur Blanc, je suis votre professeur de français.»

Lola le regarde. Comme les autres, il est de taille normale, il a un visage normal, une voix normale et un regard normal. Seule différence : il porte de petites lunettes rondes et Lola a l'impression qu'il la regarde. Oui, il la regarde elle, Lola Moreau. Ou plutôt, l'homme regarde à *travers* elle. Lola en a froid dans le dos. Puis, elle hausse les épaules.

3. Le proviseur a fini de parler. Les élèves sortent discuter dans la cour. Lola retrouve Nadia et Julie.

«Salut Lola, ça va ?»

Elles se font la bise. Une, deux, trois, quatre …

«Qu'est-ce que vous pensez des nouveaux profs ? demande Lola.
- Bof… répond Julie. Ils se ressemblent tous.
- Et monsieur Blanc, le prof de français ?
- Je ne sais pas … répond Nadia. J'ai déjà oublié son visage ….»

1. Relevez la phrase qui décrit le nouveau lycée de Lola. (Section 1)
2. Mettez la bonne lettre dans la case : (Section 1)
   (a) elle était dans la même classe que ses copines.
   (b) elle était dans la même classe que son ennemie et pas celle de ses copines.
   (c) ses deux copines et son ennemie sont dans la même classe qu'elle.
   (d) elle ne connait personne dans sa classe.
3. Citez le nom de ses deux amies. (Section1)
4. Comment s'appelle le prof de Biologie ? (Section 2)
5. Que portent les femmes ? (Section 2)
6. À qui ressemblent les profs d'après Lola ? (Section 2)
7. Trouvez les mots qui indiquent la façon dont Monsieur Blanc regarde Lola. (Section2)
8. Quelle est sa façon de dire « bonjour » à ses copines ? (Section 3)
9. Everything seems very strange and different when Lola returns to school. Comment on this. (Two points)

2.11 Les informations scolaires

ÉCOUTEZ

Listen to these interesting school related items and answer the questions.

Cheating on the Net

1. In what country is there a serious cheating problem?

2. What have people working in Berkeley University come up with?

The virtual schoolbag

8. What was the problem schoolgoers had in the Alpes-Maritime area?

9. How many pupils were given a USB stick?

10. How will the pupils use them?

A student's vengeance !

3. What age is Erik McCarty?

4. Why was he angry in the first place?

5. What did he do?

6. How was he discovered?

7. What punishment might he get?

À la télé et au cinéma

- TV documentaries
- Cannes film festival
- Crossword on the cinema
- Vocab on home activities
- Wordsearch
- Attitudes to TV and TY activities
- Speaking about favourite films and programmes
- Interesting TV viewing statistics
- Advice from a top TV journalist
- TV medical series under the microscope
- Interview with stuntman Vic Armstrong
- Leaving a message about going to the cinema
- All the latest gossip on the stars
- Superstar interviews

Website

WEB

www.teleloisirs.fr
www.festival-cannes.fr
http://tele.ados.fr/
www.m6.fr

Grammaire

GRAMMAIRE

Revision of time.

Oral Work

PARLEZ

Anaïs talks about TV trends in France, popular series, reality TV and video games.

3.1

Le temps libre

Le temps libre des Français est <u>en augmentation</u>. Ils ont en moyenne cinq semaines de vacances par an et des jours de congé <u>supplémentaires</u> et beaucoup d'entre eux profitent de la RTT (la réduction du temps de travail). Donc, on a plus de temps pour profiter des loisirs et le budget des loisirs est en train de devenir la plus importante des dépenses (25%) de beaucoup de Français.

Les passe-temps médiatiques et audiovisuels occupent plus de temps grâce aux téléviseurs, magnétoscopes, lecteurs DVD, chaînes hifi et micro-ordinateurs. Quand ils sortent, les Français vont d'abord au cinéma (50%), après ils visitent un endroit culturel (35%), ensuite ils vont voir une exposition (25%). Ils aiment aussi des spectacles amateurs, le théâtre (16%), ou finalement ils aiment assister à un concert de musique (9%).

Le zapping

Les jeunes adorent la télé en particulier les émissions sportives et les films. Ils regardent des émissions sur M6 comme les séries télévisées (souvent les séries américaines), les émissions de télé-réalité comme *Secret Story*, et les émissions de variété comme *Popstars* où les concurrents veulent devenir les stars de demain et où le public choisit son artiste préféré. Ils regardent aussi le journal télévisé et la météo bien sûr.

La télé verte

Depuis quelques années, les documentaires sur la nature sont de plus en plus nombreux. Le photographe et réalisateur Yann Arthus Bertrand veut <u>aller plus loin</u>. Il veut créer un programme écolo dans la fabrication et dans le contenu. Il aimerait que les chaînes de télé fabriquent ensemble des émissions sur l'environnement et qu'elles aient moins d'impact négatif sur la nature !

L'autre grande nouveauté est la possibilité de recevoir des chaînes de télé sur son ordinateur ou son téléphone portable.

Le festival de Cannes

Le festival de Cannes est le rendez-vous le plus important dans le monde pour le cinéma. Des milliers d'acteurs, de réalisateurs, de producteurs et des journalistes se rejoignent pour critiquer et juger des films. Il y a toujours des scandales et des débats passionnés mais ça fait de la publicité ! Les cinéastes essaient de trouver de l'argent aussi pour des projets car un film peut coûter entre 7 et 10 millions d'euros ...

Lexique

en augmentation	*on the increase*
supplémentaires	*extra*
aller plus loin	*to go further*

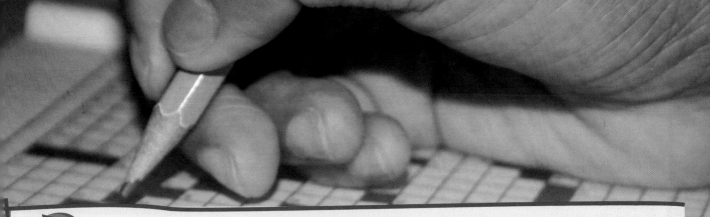

Le nom des émissions

LISEZ

Lisez l'article encore une fois. Vous avez noté sans doute que le nom des émissions de télé sont en anglais et en français. Faites une liste des émissions avec leur équivalent en anglais comme l'exemple ci-dessous.

français
la météo

anglais
the weather forecast

Utilisez votre dico si nécessaire.

ACROSS
2 L'équivalent du mot anglais "programme" est ...
5 Pour savoir le temps qu'il fait, il faut regarder la ...
7 RTT veut dire réduction du temps de ...
9 Les Français aiment beaucoup aller au ...
10 Le festival le plus prestigieux du film mondial ...

DOWN
1 *Secret Story* est une émission de ...
3 La télé verte réprésente les émissions sur la ...
4 Yann Arthrus Bertrand est réalisateur et ...
6 *Popstars* est une émission de ...
8 M6 est une ... de télé.

Crossword grid:
- 1 down: TELEREALITE
- 2 across: EMISSION
- 3 down: NATURE
- 4 down: PHOTOGRAPHE
- 5 across: METEO
- 6 down: VARIETE
- 7 across: TRAVAIL
- 8 down: CHAINE
- 9 across: CINEMA
- 10 across: CANNES

3.2 Les distractions à la maison

LISEZ

le lecteur DVD	*the dvd player*	un feuilleton	*a soap*
l'écran	*the screen*	une série télévisée	*a serial*
la télécommande	*the remote control*	un documentaire	*a documentary*
la télévision par câble	*cable tv*	un dessin animé	*a cartoon*
en direct	*live*	les films	*films*
la chaîne à péage	*pay-per-view channel*	un film d'amour	*love film*
allumer la télévision	*to turn on the TV*	un film marrant	*comedy*
éteindre la télévision	*to turn off the TV*	un film d'espionnage	*spy film*
les émissions de télé	*TV programmes*	un film policier	*detective film*
les informations/les actualités	*the news*	un film de guerre	*a war film*
		un western	*a western*

Cherchez les mots sur la télé et le ciné

ALLUMER ~~AMOUR~~ ~~DIRECT~~ ~~DOCUMENTAIRE~~ EMISSION ~~ESPIONNAGE~~ ~~ETEINDRE~~

~~FEUILLETON~~ ~~GUERRE~~ ~~INFORMATIONS~~ ~~POLICIER~~ ~~PUBLICITE~~ ~~SERIE~~ ~~WESTERN~~

```
E  E  P  F  K  R  X  W  H  C  N  D  E  T  K
E  G  V  O  U  J  E  B  E  Y  O  M  T  C  K  X
K  P  A  O  L  S  B  T  Y  C  T  A  E  E  K  X
R  C  M  N  T  I  I  A  U  O  E  A  I  R  Y  Y
E  A  V  E  N  C  C  M  B  Z  L  U  N  I  K  X
K  R  R  U  I  O  E  I  S  U  L  H  D  D  X  W
L  N  R  L  P  N  I  S  E  R  I  E  R  Y  X  W
Z  A  B  E  T  T  L  P  O  R  U  S  E  W  X  Z
R  U  I  A  U  H  D  Y  S  L  E  J  Y  W  X  T
P  C  I  Z  H  G  J  F  Z  E  F  M  N  X  T  P
C  R  E  M  I  S  S  I  O  N  K  E  I  C  P  J
E  N  W  I  H  O  P  U  E  H  I  S  C  G  J  K
S  N  O  I  T  A  M  R  O  F  N  I  U  Q  J  T
U  N  R  E  M  U  L  L  A  S  F  U  P  W  I  V
S  U  J  D  U  S  H  W  S  B  D  U  W  F  H
```

3.3A Les activités pendant l'année de transition

ÉCOUTEZ

Laura, Cathal and Molly are in transition year. Listen to them speak about the TV-related activities.

	Their attitude to TV	Describe their TY activities
Laura	She's addicted in the TV. One week not TV it the challenge and more sport.	
Cathal	Look lot of movies of Australia.	film club. critique and analyse
Molly	She does'nt like to much TV but, she looked the documentaire	She's taking part in a production.

F.T.F.S.

3.3B Et vous ?

PARLEZ

À deux ou en groupe, posez-vous les questions suivantes :

1. Quelle sorte d'émissions aimez-vous regarder ? *J'aime …*
2. Quelle est votre émission préférée ? *Je préfère …*
3. Combien d'heures passez-vous devant la télé par semaine ?
   Je regarde …
4. Quel genre de film préférez-vous ? *Je préfère …*
5. Vous allez souvent au cinéma ? *Je vais …/ J'y vais …**
6. Qui est votre vedette de cinéma préférée ? *Je préfère …*
7. Quel est le meilleur film que vous avez jamais vu ? *C'est …*

Mémo

Une fois par semaine *(once a week)*
Deux fois par mois *(twice a month)*
Tous les deux mois *(every two months)*

3.4 Chiffres intéressants en ce qui concerne la télé !

Révisez vos nombres et écoutez ces statistiques intéressantes sur la télé.

1. What is the average viewing time for a French person? *3h34*
2. What is the viewing time for an American? *4h42*
3. How many viewers watched the attacks
   of 9/11 on TV? *4 billion*
4. How many people watched the opening ceremony
   of the 2000 Olympics? *3,5 millions*
5. How many viewers watched the funeral of JFK? *170M*
6. What % of French households has a second TV? *50%*
7. How many households have no TV? *4%*

3.5 L'heure

Quand vous parlez de vos habitudes télé, de vos activités préférées et de votre journée typique, c'est important de connaître l'heure. Voici une petite révision.

1. O'clock times

Il est une heure.	*It is one o'clock.*
Il est dix heures.	*It is ten o'clock.*

Note: *there is an s on the word heures from deux heures upwards.*

2. 12 o'clock

Il est midi.	*It is midday.*
Il est minuit.	*It is midnight.*

3. Minutes past the hour

Il est quatre heures cinq.	*It is five past four.*
Il est quatre heures dix.	*It is ten past four.*
Il est quatre heures vingt.	*It is twenty past four.*
Il est quatre heures vingt-cinq.	*It is twenty-five past four.*

4. Half past

Il est onze heures et demie.	*It is half past eleven.*
But:	
Il est midi et demi.	*It is half past midday.*
Une demi-heure.	*A half hour.*

5. Quarter past

Il est huit heures et quart.	*It is quarter past eight.*

6. From half past to the next hour

It's all based on the word **moins** which means less or minus.

Il est trois heures moins vingt-cinq.	*It is twenty-five to three.*
Il est trois heures moins vingt.	*It is twenty to three.*
Il est trois heures moins dix.	*It is ten to three.*
Il est trois heures moins cinq.	*It is five to three.*
Note: Il est trois heures moins le quart.	*It is quarter to three.*

7. The 24-hour clock (frequently used in TV guides and transport timetables).

Point 2 applies here. Simply say the hour and the number of minutes past.

Il est deux heures dix-huit.	*It is eighteen minutes past two.*
Il est sept heures trente.	*It is seven thirty.*
Il est vingt-trois heures quarante-deux.	*It is twenty-three forty-two.*
Il est dix-sept heures vingt-huit.	*It is seventeen twenty-eight.*

A shortened version of the word **heure** is sometimes used. This is simply **h**.

Mon émission préférée est à 10 h 00.	*My favourite programme is at 10.*

8. Note the difference between   il est huit heures = *it is eight o'clock.*
and   à huit heures = *at eight o'clock.*

A. Time exercises
Say the time of your favourite programme in digits, specifying am or pm.

PARLEZ

« Mon émission préférée est à »

(a) dix-neuf heures
(b) vingt-trois heures dix
(c) treize heures
(d) vingt heures seize
(e) vingt-et-une heures cinq
(f) quinze heures trente
(g) dix-sept heures quinze
(h) trois heures vingt
(i) une heure pile
(j) vingt-trois heures quarante-cinq

B. Écrivez l'heure en français

ÉCRIVEZ

(a) 1.25   une heure vingt-cinq.
(b) 8.30   huit heures et demi
(c) 9.25   neuf heures vingt-cinq
(d) 12 o'clock (day)   midi
(e) 13.15   une heure et quart
(f) 7.45   sept heures quarante cinq
(g) 11.25   onze heures vingt-cinq
(h) 12.15 (night)   minuit et quart
(i) 14.25   deux heures vingt-cinq
(j) 7.45   sept heures quarante cinq.

ÉCOUTEZ

3.6 Top Télé

Écoutez cet extrait d'une émission de radio avec la journaliste de Télé 7 jours, Isabelle Perrier, qui nous donne des conseils sur ce que nous ne devons pas rater à la télé la semaine prochaine.

Listen to Isabelle's top five programmes for tonight and fill in the grid below.

Name and details about the TV programme	TV channel	Time of programme
1.	TF1	
2.		
3.		
4.	MCM	
5.	W9	

3.7 Séries médicales Le diagnostic du Dr Pelloux

LISEZ

In this extract from the TV magazine Télé-Loisirs, Dr Pelloux reviews the three hugely popular medical series *ER*, *Dr House* and *Grey's Anatomy*. As a medical expert he focuses on which aspects are the most realistic and which seem contrived. Read the reviews below and answer the following questions.

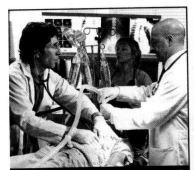

URGENCES
VENDREDI 20h50 · 2

Les étudiants s'en inspirent

"Cette série montre avec beaucoup de justesse ce que nous vivons jour et nuit: le stress, la fatigue, les médecins débordés. Une étude a été menée sur le moral des médecins hospitaliers et il a été avéré que 3/4 des urgentistes souffrent d'épuisement physique. Aux urgences, vous devez gérer l'aléatoire, la catastrophe sans paniquer. La semaine dernière, l'hôpital Saint-Antoine où j'exerce a eu une panne de courant. Une amie sage-femme a été obligée de finir une césarienne à la lumière de téléphones portables. Vous me direz que ça ferait un bon scénario, mais c'est ça notre quotidien. Et Urgences le montre d'une manière vachement juste. **19,5/20**

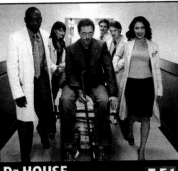

Dr HOUSE
MERCREDI 20h50 · TF1

Des experts en blouse blanche

À Saint-Antoine, j'ai un collègue aussi taciturne... et aussi cynique que ce personnage. Avec cette série, les Américains ont tout compris: *Dr House* est aux séries médicales ce que *Les Experts* sont aux séries policières. Les scénarios sont tirés de bouquins qui forment á la médecine légale. C'est bien foutu, haletant. En France, quand un diagnostic est difficile à établir, on ne se tourne pas vers un Dr House, mais vers les anciens pour évaluer les échéances et les risques de mortalité. Le drame, c'est que les médecins de la nouvelle génération ne se battent plus autant pour convaincre les patients de se faire soigner, à cause de la loi relative aux droits des malades promulguée. **18/20**

GREY'S ANATOMY
LUNDI 22h40 · TF1

Coucheries à gogo pour un soap à l'hosto

Le ressort principal de *Grey's Anatomy*, c'est le sexe. C'est un soap à l'hosto, avec secrets d'alcôve et coucheries à gogo! En réalité, il n'y en a pas plus que dans les autres professions. Sur le plan médical, c'est vraiment n'importe quoi: les cas traités sont parfaitement improbables pourvu qu'ils soient spectaculaires. On a l'impression que les scénarios ont été écrits au lendemain d'une grande soirée de beuverie. Mes internes ne regardent pas cette scène et n'en parlent pas non plus. Seul les étudiants qui n'ont pas fini leur puberté regardent *Grey's Anatomy*! Ceci étant posé, la scène est bien filmée, bien cadrée, bien jouée, mais elle ne correspond en rien à la réalité d'un établissement hospitalier. **12/20**

À la télé

1. Which series is the most realistic of the three mentioned?
2. Why does Dr Pelloux consider the personality of Dr House believable?
3. Which of the series mentions stress and tiredness among medical staff?
4. Which series deals with unbelievable medical cases?
5. What did the mid-wife friend of Dr Pelloux's have to do? (ER)
6. Which of these medical dramas focuses on sex?
7. Which medical drama do his interns not watch?
8. Which medical drama looks as if the writers have produced it after a night out drinking together?
9. What did a survey on the emotional state of doctors reveal? (ER)
10. What positive comments are made about *Grey's Anatomy*?

PARLEZ ÉCOUTEZ

3.8 Anaïs

Anaïs, jeune lycéenne française, a passé un trimestre en Irlande. Comme on étudie la télé et le cinéma en classe de français, le prof lui a demandé de répondre aux questions de ses camarades de classe irlandais au sujet de la télé, du cinéma et des jeux vidéo.

Qu'est-ce que vous aimez regarder à la télé, Anaïs ?
J'aime surtout les séries américaines comme *Buffy* et *Prison Break* et une série française très populaire qui s'appelle *Le Lycée*.

Vous regardez des émissions musicales ?
Oui, absolument. Je suis passionnée par les émissions musicales comme *Hit Machine* et *Fan de...* J'aime aussi les clips des chansons et les émissions de format télé-réalité ou les émissions qui cherchent de jeunes chanteurs, chanteuses, musiciens, et musiciennes.

Les jeux vidéo sont-ils plus populaires chez les garçons ?
Des compagnies font plus d'effort pour attirer les filles. Les jeux maintenant sont faits pour s'adresser à un public plus large.

La télé-réalite est-t-elle populaire en France ?
Oui très. Il y a plusieurs formats. Le format où des gens sont enfermés et surveillés 24 heures sur 24 est devenu de plus en plus inquiétant car les limites sont poussées à l'extrême. C'est comme un bocal à poissons qui nous permet, les téléspectateurs, de les regarder en direct.

Vous avez un Wii ou un Xbox ?
Les deux. J'aime les jeux vidéo parce que je crois que les films sont influencés par ces jeux. *Tomb Raider*, *Mortal Kombat*, *Super Mario Brothers* étaient des jeux avant d'être adaptés au cinéma. Les jeunes passent plus de temps devant leurs consoles et leurs ordinateurs qu'au cinéma.

Vous détestez la télé-réalité ?
J'aime les types « faux reportages » qui ressemblent à des reportages d'information comme les mésaventures de voyageurs des aéroports. J'admets que c'est un peu cruel de m'amuser en regardant un passager qui a perdu son passeport ou ses bagages !

Vous allez au cinéma ?
Très souvent, une fois par semaine normalement. J'adore les films d'action avec des effets spéciaux comme *Spiderman*, *Final Fantasy* et les films de *James Bond*.

Et vous ?

À deux, posez-vous les questions suivantes :
1. Vous aimez les jeux-vidéo ? *J'aime …/ Je déteste …*
2. Quelle console de jeux avez-vous à la maison ? *J'ai …*
3. Quel est votre jeu préféré ? *C'est …*
4. Pensez-vous qu'il y a des jeux masculins et féminins ? *Je crois que …*

ÉCOUTEZ

3.9 Les cascades

Anaïs a dit qu'elle adore les cascades. Écoutez cette entrevue avec Vic Armstrong, cascadeur de haut niveau.

1. At what age did Vic begin to do stunts?

_____

2. Name one film where he enjoyed doing stunts.

_____

3. What advice would he give to a future stunts person?

_____

4. What does appearing in the Guinness book of records mean to him?

_____

5. What other awards has he also appreciated?

_____

ÉCRIVEZ

3.10 Un message

You are in St Jean de Luz on holidays. You see that the new film on the comic book hero Captain America is on. Leave a note for your French friend.

• Asking if he/she would like to go to the cinema with you.
• Say the film is called Captain America starring Matthew McConaughey.
• Say that the film begins at 8 o'clock.
• Ask your friend to phone you.

Mémo
This note is addressed to a friend so you use the tu form of you
tu veux venir? – would you like to come?
peux-tu ? – could you?

3.11 Rendez-vous avec les superstars !

ÉCOUTEZ

Écoutez nos trois superstars Johnny Depp (le flamboyant capitaine Jack Sparrow de *Pirates des Caraïbes*), Wentworth Miller (star de *Prison Break*) et Ewan Mc Gregor (maître Jedi de *Star Wars*) et répondez aux questions.

Johnny Depp

1. Will there be more films in the *Pirates of the Caribbean* series?

_____

2. Why has the character of Jack Sparrow become so popular?

_____

3. Why has Jack got a funny walk?

_____

Wentworth Miller

4. What projects has Wentworth in mind?

5. Wentworth says that he has written a script. What sort of story has he written?

_____

6. Does he plan on leaving *Prison Break*?

_____

Ewan McGregor

7. When did he become a *Star Wars* fan?

_____

8. What did his parents do?

_____

9. What incident proved that he was a good actor in the film *Trainspotting*?

_____

10. What does he say about his wife?

Boîte à musique

- French people and music
- Electronic music and the Bureau Export
- U2, the Beatles and Tokio Hotel
- Reality shows looking for new pop stars
- Musical world records
- Your taste in music reveals your personality!
- Crazy music news
- Music vocabulary
- Musical news
- Musical articles
- CD profits
- Reviews of CDs

Website

WEB

www.u2.com
www.tokiohotel.fr
http://fetedelamusique.culture.fr
www.french-music.org

Grammaire

GRAMMAIRE

Jouer + de = to play music.
Jouer + à = to play sport.

Transition Year

Classical music; putting on a charity gig in your school; doing a music workshop and learning to compose music. Legal and illegal downloading. Getting discovered as a musician. Mymajorcompany. MC Solaar and Radiohead.

4.1 Boîte à musique

La musique est l'un des passe-temps préférés des jeunes Français. Elle vient avant le cinéma et la lecture. Le genre préféré des jeunes est la musique rock mais ils aiment en fait un peu de tout : le rap, la pop, le classique, le groove, la techno, la variété, et le jazz. Plus d'un quart d'entre eux jouent d'un instrument de musique et presque 85% écoutent de la musique tous les jours, souvent en route à l'école sur leur iPod, où l'on peut avoir des centaines de chansons disponibles.

La musique électronique

Évidemment, la musique a beaucoup changé pendant les quarante dernières années. Avec le développement des ordinateurs depuis les années 1960, les musiciens ont commencé à utiliser cet outil. La musique électronique est devenue populaire dans les années 1970 grâce à des groupes comme Pink Floyd et Kraftwerk. En France, Jean-Michel Jarre a fait connaître la musique électronique avec son album *Oxygène* en 1976. La MAO, musique assistée par ordinateur, a longtemps été l'affaire des spécialistes mais avec Garageband, le premier d'une série de logiciels, on peut désormais composer soi-même de la musique électronique.

On fête la musique

La Fête de la Musique a été créée en 1981. Elle permet à tout le monde d'écouter de la musique gratuitement et de révéler de jeunes talents au public et aux médias et de les encourager. C'est une série de rendez-vous qui a lieu le premier jour de l'été en France et on y accueille une multitude de groupes. On a aussi de nombreux festivals de musique. On a le Festival du Jazz d'Antibes ou de Juan-les-Pins pour les amateurs de jazz, et la Route du Rock à St Malo où l'on peut avoir un bain musical pendant trois jours et trois nuits avec une vue spectaculaire sur la mer. Pour ceux qui adorent la musique celtique, on a le Festival Interceltique de Lorient. De nombreux artistes internationaux viennent aux festivals en France et affirment ainsi la bonne santé du marché musical francophone.

Le Bureau Export

Depuis quinze ans, le Bureau Export accompagne activement la filière musicale française dans le développement de ses artistes à l'international, dans le domaine des musiques actuelles et des musiques classiques. On donne des conseils aux artistes, on les aide avec la promotion et on leur donne le soutien financier.

Lexique

la lecture	reading
disponibles	available
cet outil	this tool
gratuitement	without charge
la filière musicale française	French music industry
des conseils	advice

Questions

Copy out the following sentences and fill in the gaps.

1. ......*Music*.. is the favourite pastime of young French people.
2. ......*Rock*............... and ......*jass*........ are popular types of music among French young people.
3. Young people like to ......*listen to their iPod*.................. on their way to school.
4. The ......*development of the computer* in the 1960s changed the face of music.
5. Garageband is..
6. The Fête de la Musique allows ......*listen the music in the street free.*
7. There are three main festivals in France ......*"The festival du Jazz d'Antibes"*
......*"Festival Interceltique"and "La Route du Rock."*
8. We know that the French music industry is in good health because ....
9. The Bureau Export was created in order to ....
10. It helps young musicians by ....

4.2 Le choix des jeunes

Listen to Yannis, Lola and Juliette talking about their musical preferences in radio interviews and fill in the details in the grid below.

	Details of musical tastes	Favourite songs
Yannis	- U2 - Bonaut	"discothèque"
Lola	- Beatles - george arisone	"While my guitar gently weeps"
Juliette	- Tokio hotel	

4.3 Télé-réalité

ÉCOUTEZ **Based on Serge Réveillon's survey, fill in the following statistics:**

Astuce: you may like to revise your numbers before doing this exercise. See 'Les Nombres' inside the back cover of the book.

1. 65 %	watch reality TV programmes from time to time
2. 28 %	think that these programmes offer young people an opportunity to become a star
3. 6 %	of girls are influenced by the contestants' way of dressing
4. 44 %	of girls are interested in the artistic performance of the contestants
5. 33%	of boys are interested in the inter-personal relations between the contestants

4.4 Journal intime

ÉCRIVEZ

Vous voulez participer à une émission de télé-réalité mais vos parents ne sont pas du tout d'accord. Qu'est-ce que vous notez dans votre journal intime ?

Mémo

Je suis vraiment fâché(e)	I'm really angry
Mes parents m'énervent	My parents are really annoying me
C'est une occasion qu'on ne devrait pas rater	It's an opportunity not to be missed

For help with your journal intime see page 199

4.5 Les records de la musique

Look at these records from the world of music and answer the questions.

Westlife
Les disques de Westlife ont figuré 21 fois successives au Top 5 des singles britanniques. Leur chanson « The Rose » était leur 14ème No 1. Leur chanson « Mandy » est passée de la dernière place à la première place en novembre 2003.

Queen
L'album le plus vendu de tous les temps en Grande-Bretagne ? C'est « Greatest Hits » du groupe Queen avec 5,41 millions d'exemplaires.

Les Beatles
L'album le plus vendu du hit parade anglais est « Sgt Pepper's Lonely Hearts Club Band » avec 4,8 millions d'exemplaires.

Daniel O'Donnell
Il détient le record pour le plus grand nombre d'albums (10) entrés au hit-parade anglais au 21ème siècle.

Bing Crosby

Il a chanté « White Christmas » écrit par Irving Berlin – le chant de Noël le plus vendu dans le monde. On dit que les ventes sont estimées à plus de 50 millions.

U2

Le groupe a déjà gagné 22 Grammy.

Liam O'Connor

C'est le joueur d'accordéon le plus rapide au monde. Il joue à une vitesse de 11,67 notes par seconde. Le record a été établi pour le Rick O'Shea radio show à Dublin.

Robbie Williams

Il détient le record pour le plus grand nombre d'albums No 1 pour un artiste britannique. L'album « Rudebox » est devenu son 8ème album No 1.

1. The quickest progression up the singles hit-parade in the British charts was ...Mandy...
2. The group Westlife featured ....21........ times in the top five places of the British singles charts.
3. Their 14th number 1 record was called the .....rose.....
4. The best selling album of all times in England is ...greatest hits...
5. The best selling album in the English hit-parade is ...Sgt Penner's lonely...
6. The best selling song ever is ...white christmas...
7. ...Daniela...holds the records for having the greatest number of albums in the British charts in the 21st century.
8. U2 holds the records for .....22 gramys...
9. What zany record does Liam O'Connor hold? fastest accordian player.
10. Give some details about the record that Robbie Williams holds. Most num1 album in Britain.

4.6 Incroyable mais vrai !

Poor Brian!

1. Where has Brian McFadden started a new career?

In Australia.

2. What happened to him on his first day at work?

The first day he was late.

3. What other work problems did he have that day?

He played the same disc twice in half on hour.

Do you want to be a pop star?

4. Where is this invention from?

South Korea

5. Explain how it works.

It works on your vocal cholds.

The singing tooth brush

6. How much does tooth tunes cost?

_10€_

7. How does it work?

It's electronic

8. Name one artist or group whose record company is negotiating with Hasbro.

Will Smith and the Black eyes peas

Vocabulaire sur la musique

		le microphone	the microphone
la chanson	song	le batteur	drummer
les paroles	lyrics	le guitariste	guitarist
le beat	beat	les fans	fans
le projecteur	spotlight	le haut-parleur	loud speaker
le chanteur / la chanteuse	singer	le bassiste	bass guitarist

Les instruments de musique

la batterie	drums	le piano à queue	grand piano
la flûte	a flute	le piano droit	upright piano
la guitare	guitar	le violon	violin
le piano	piano	le violoncelle	cello

4.7A Cherchez la musique

```
P  M  S  A  M  L  P  R  R  S  T  E  Z  C  R
W  A  G  E  N  I  E  E  A  X  R  F  Z  L  U
O  L  R  J  U  G  C  X  P  A  O  U  A  A  E
O  A  Q  O  G  L  A  R  T  U  N  L  J  S  T
A  P  F  A  L  P  B  I  O  S  N  Z  U  S  N
M  H  E  N  H  E  U  G  N  N  R  K  P  I  A
U  I  P  O  D  G  S  F  V  X  H  D  J  Q  H
S  I  N  E  I  R  E  T  T  A  B  O  C  U  C
I  E  P  R  O  J  E  C  T  E  U  R  N  E  Y
Q  H  Z  L  M  F  C  O  N  C  E  R  T  O  P
U  U  G  C  F  O  B  S  M  I  C  V  W  S  P
E  M  K  E  O  G  P  G  M  Y  D  Z  P  U  H
H  N  N  E  A  Y  K  D  M  D  P  Z  J  T  V
R  E  S  J  B  Z  N  J  C  D  J  D  F  F  Z
O  N  H  C  E  T  E  O  O  E  A  C  E  T  O
```

~~BATTERIE~~	~~GUITARE~~	~~POP~~
~~BLUES~~	~~IPOD~~	~~PROJECTEUR~~
~~CHANTEUR~~	~~JAZZ~~	~~PUNK~~
~~CLASSIQUE~~	~~MICROPHONE~~	~~RAP~~
~~CONCERT~~	~~MUSIQUE~~	~~REGGAE~~
~~FANS~~	~~PAROLES~~	~~TECHNO~~

4.7B La musique

VOCABULAIRE

Je suis fan de musique.
J'écoute de la musique sur mon iPod.
J'ai commencé à jouer de la musique classique à l'âge de 10 ans.
Je prends des cours chaque mercredi après-midi.
Je joue dans un groupe de rock.
Je suis membre d'un orchestre à l'école.
J'ai assisté à un concert de musique.
Il y avait beaucoup de monde au festival de rock.

Point grammaire
Jouer de is used when talking about playing a musical instrument whereas you use *Jouer à* when saying to play a game.

Exemple : je joue de la guitare / je joue au tennis.

4.8A La musique en TY

ÉCOUTEZ

John, Kevin et Darragh ont fait des activités musicales intéressantes pendant l'année de transition. (Vous allez recontrer Kevin page 51.)
Écoutez et découvrez ce qu'ils ont fait.

	Details about their TY musical activities
John	He sing with the choir, He play the piano. He has a piano at home. The classical music it's all life, he want be professional
Kevin	He organised a concert of Rock, his friends play the saxo, the guitar. His concert is €5 and €5.000 for the hospital.
Darragh	He learn the music composition with other peoples. In groupes.

4.8B Et vous ?

PARLEZ

1. Avez-vous fait de la musique pendant votre année de transition ? *J'ai fait … / Je n'en ai pas fait.*
2. Décrivez exactement ce que vous faites en classe. *Nous faisons*
3. Jouez-vous d'un instrument de musique ? *Je joue … / Je ne joue pas …*
4. Avez-vous déjà essayé de composer des chansons ? *J'ai essayé / Je n'ai pas …*
5. Si vous deviez faire un document sur un chanteur ou un compositeur, qui choisiriez-vous ?
   Je choisirais …

4.9 Des articles intéressants sur la musique

LISEZ

Read these great articles on music and answer the following questions:

Le disco au musée

Les fans du célèbre groupe ABBA sont ravis. On a ouvert un musée en Suède consacré aux interprètes de *Dancing Queen*, *Waterloo*, ou encore *Money, Money*. Musique, histoire, vêtements originaux, photos, instruments, tous sont là. Depuis 1974, ABBA a vendu plus de 360 millions d'albums dans le monde et avec le succès de *Mama Mia* au théâtre et en film, leur popularité continue.

1. Why are ABBA fans delighted?_____
2. To what does the figure of 360 refer? _____
3. Why has ABBA's success continued? _____

Les Beatles dans l'espace !

A l'occasion de son 50ème anniversaire, l'agence spatiale américaine (Nasa) a diffusé à travers la galaxie la chanson *Across the Universe* des Beatles. Les scientifiques ont calculé qu'en voyageant à la vitesse de la lumière (300 000 km/sec), il lui faudrait environ 431 ans pour atteindre sa destination finale, l'Étoile polaire (Polaris).

Le jean qui épouse votre iPod

L'objet culte est finalement arrivé. Levis, le fabricant de jeans, a réalisé le mariage idéal. On a créé une poche invisible pour mettre son iPod et on y a ajouté un enrouleur pour éliminer les luttes interminables avec les écouteurs emmêlés. Mais la chose la plus importante est sans doute le câble rouge qui relie le joystick à la poche du pantalon. Il permet aussi de gérer les fonctions de base ainsi que le volume de la musique sans devoir tripoter l'iPod. Tout est lavable (une fois l'iPod et la pochette enlevés).

1. What has NASA done to mark its 50th anniversary?

_____

_____

3. Describe these new Levis jeans.

_____

_____

2. To what does the figure 431 refer?

_____

_____

4. What must be done before they can be washed?

_____

_____

Amy Winehouse

Amy Winehouse, qui a dû annuler plusieurs dates de concert quand elle a été hospitalisée en août après avoir fait une surdose de drogue, va arrêter de boire avant de monter sur scène. Cette décision survient juste après que sa série de spectacles a connu une soirée d'ouverture désastreuse. En effet, à Berlin, Amy a oublié les paroles de certaines chansons et a trébuché sur scène. Elle a ensuite été arrêtée pour possession de marijuana en Norvège.

5. Why were several concert dates of Amy Winehouse cancelled?

_____

6. What happened during her concert in Berlin?

_____

7. In what country was she arrested?

_____

PARLEZ **ÉCOUTEZ**

4.10A Partie intégrante de son examen de français à Noël, Kevin passe une épreuve orale avec son prof de français.

Vous aimez la musique, n'est-ce pas ?
J'adore la musique. Je joue de la guitare et j'écoute mon iPod presque tout le temps.

Alors, c'est fini Kevin, vous avez bien perfectionné votre français pendant votre séjour en France. Bon travail !
Merci, Madame.

Vous achetez des CD ?
Pas beaucoup. Je télécharge des disques sur internet la plupart du temps.

Êtes-vous allé le voir en concert ?
Non, malheureusement pas, mais je suis allé voir le groupe Radiohead en concert la semaine dernière. Il y avait une ambiance magique et tout le monde a chanté. C'était superbe.

C'est légal ?
Il y a des services payants et le marché illégal. Les disques, ça coûte cher et une grande partie des chansons sont introuvables dans le commerce. Moi, j'aime découvrir de nouveaux artistes. Le nombre de ventes en ligne a triplé en un an. Aussi les fans peuvent écouter et même télécharger les nouvelles chansons de leurs chanteurs préférés avant la sortie des albums.

De quoi parlent ses chansons ?
Il aborde des thèmes de la vie comme le chômage, la drogue, le sida ou la violence, souvent avec humour. Il parle aussi de l'amour et de ses souvenirs d'adolescent. Ses textes sont à présent étudiés au lycée et à l'université.

Ça coûte combien pour télécharger une chanson ?
Il y a des groupes comme Radiohead qui proposent aux internautes de payer ce qu'ils veulent pour télécharger leur dernier album. Aujourd'hui, de nombreux artistes comprennent qu'il est très difficile de lutter contre le piratage.

Quelle sorte de musique préférez-vous ?
Je viens de passer un trimestre dans une école à Villebon à Paris et je suis fan du rappeur MC Solaar. Il est d'origine sénégalaise mais a grandi dans une banlieue parisienne.

C'est un bon moyen de se faire découvrir si on est musicien ?
Oui. Beaucoup de musiciens placent leurs œuvres sur des sites comme Myspace dans l'espoir d'être découverts. Le site mymajorcompany aide les nouveaux artistes. Le principe est simple. Si les internautes aiment les chansons d'un artiste, ils versent de l'argent. Si la somme reçue atteint plus de 70 000 euros, cet argent servira à réaliser un vrai album et les internautes recevront une part du profit des ventes du CD.

4.10B La musique

A vous maintenant. En groupe, posez-vous les questions suivantes:

1. Vous aimez la musique, n'est-ce pas ? *Je suis passionné(e) … / Je suis fan de … / J'adore …. La musique, ce n'est pas mon truc, moi je préfère …*
2. Vous achetez des CD ? *J'achète … / Je n'achète pas …*
3. Vous avez un iPod ou quelque chose de semblable ? *J'ai un …*
4. Comment est-ce que vous découvrez les nouveaux chanteurs ? *Je …*
5. Quelle sorte de musique préférez-vous ? *Je préfère …*
6. Qui est votre chanteur / chanteuse préféré(e) ? *C'est …*
7. Avez-vous déjà assisté à un concert ? *Je suis allé(e) … / Je ne suis pas allé(e) …*

4.10C Et vous ?

ÉCRIVEZ

1. Choisissez un groupe ou un chanteur ou chanteuse français(e) que vous aimez et faites un dossier. (Vous pourriez utiliser ce document plus tard pour votre Leaving Cert. Lisez p.195)

4.10D Et vous ?

ÉCRIVEZ

2. Regardez l'information sur la division des profits du prix d'achat d'un CD. Imaginez que vous êtes artiste. Êtes-vous content avec ce que vous recevez ? Donnez vos opinions.

Sur le prix d'un CD, un quart pour les auteurs et les artistes

Auteurs, compositeurs et éditeurs se partagent la part « droits d'auteur ». Les 19% revenant à l'artiste sont une moyenne ; le pourcentage varie selon la notoriété de l'interprète. Les frais de fabrication et promotion étant à la hausse, un disque de variétés n'est rentable qu'au-delà de 100 000 exemplaires. (Pourcentages calculés sur le prix de gros, source : SNEP).

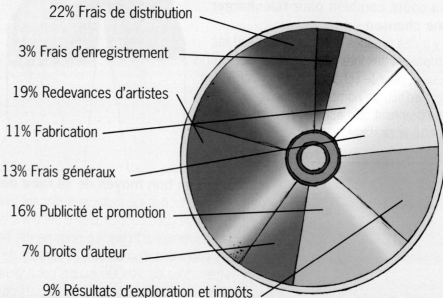

22% Frais de distribution

3% Frais d'enregistrement

19% Redevances d'artistes

11% Fabrication

13% Frais généraux

16% Publicité et promotion

7% Droits d'auteur

9% Résultats d'exploration et impôts

En forme !

- French people's attitude to health
- Survey on teenagers and their health
- The first face graft
- Parts of the body
- Allô docteur ! A phone-in for medical problems
- Sports to help you keep fit
- What does your body say about you? Fun quiz!
- Crazy health news
- Advice your granny gave!
- Crazy news about alcohol
- Zany body questions!

Oral Work

PARLEZ Médecins du Monde; plastic surgery; how to avoid having a drink problem; doing a first-aid course; learning about depression and a class survey on smoking; drugs and getting drunk. Healthy eating; drinking Red Bull; having a food allergy and doing a project on skin!

Website

WEB
www.securite-solaire.org
www.france-depression.org
www.tabac-info-service.fr
www.fondation-wyeth.org

Grammaire

GRAMMAIRE Il faut ..., On doit .., On est obligé ... Using the *tu* form and the *vous* form.

5.1 En forme

La santé, c'est quelque chose de sacré pour les Français. Quand les Français présentent <u>leurs vœux</u> pour le Nouvel An à un ami, ils disent « bonne année et bonne santé ! » Ils sont les champions du monde au point de vue de la consommation de médicaments. Ils en consomment trois fois plus que nous, les Irlandais, et le budget santé <u>en moyenne</u> représente 10% du budget familial. Ils aiment beaucoup aller chez le médecin généraliste ou le <u>toubib</u> (terme familier) et aiment beaucoup l'auto-médication, c'est-à-dire la médication sans ordonnance. La médecine en ligne commence à se développer et les sites de consultation sur le Net se multiplient.

Le système de santé

La sécurité sociale (la <u>Sécu</u>) a été créée en 1945. Elle couvre <u>les dépenses</u> médicales en cas de maladie, d'hospitalisation, de maternité, ou d'un accident au travail. Les Français paient presque 20% de leurs salaires en charges sociales mais la Sécu rembourse 70% <u>des soins médicaux</u>. Chaque assuré social possède une Carte Vitale. C'est une petite carte verte au logo jaune que le patient utilise pour payer le médecin ou le pharmacien.

Les jeunes et leur santé

<u>Une enquête</u> menée par la Fondation Wyeth (une entreprise pharmaceutique) sur les préoccupations et les attentes en matière de santé a découvert que l'hygiène et <u>la propreté</u> sont les éléments les plus importants pour la santé des 15-18 ans. <u>Le sommeil</u>, l'alimentation et le sport sont importants dans la vie des jeunes aussi. Le moral est une préoccupation parmi les jeunes et 87% des jeunes interrogés pensent que le gouvernement devrait se préoccuper davantage du problème du suicide chez les jeunes. Un autre risque important est celui des drogues.

Les médecines douces

Les médecines alternatives comme l'homéopathie et l'acupuncture sont devenues plus populaires dans les dernières années. Ces doctrines proposent une réponse médicale globale et ne séparent pas le corps et l'esprit.

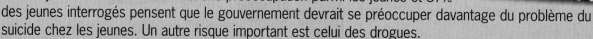

Lexique	
Dans la langue courante, on dit :	leurs vœux – *their wishes*
	en moyenne – *on average*
	les dépenses – *expenses*
toubib – pour dire médecin (terme d'origine arabe)	des soins médicaux – *medical care*
labo – pour dire laboratoire d'analyse	une enquête – *a survey*
Sécu – pour la Sécurité sociale	la propreté – *cleanliness*
	le sommeil – *sleep*

La santé

Complete the following sentences:

1. For the New Year French people greet each other with *"good year and good health"*
2. French people are the world leaders as regards *consumption of médecin*
3. The average French family spends *10%*
4. A new way of getting a medical diagnosis without visiting your GP is *in the Net*
5. Social Security was first developed in *1945*
6. The Carte Vitale is *little carte green with a logo yellow*
7. The Wyeth foundation *is a entreprise pharmacitical*
8. The most important elements affecting young people's health are *sleep, eat, sport*
9. Young people are dissatisfied with *the sucides*
10. The basic idea behind alternative medicine is that *they treat both body and soul*

5.2 Des documents sur la santé

Dans leur classe de français, pendant leur année de transition, Dylan, Emily et Ryan ont fait chacun un dossier qu'ils pourront présenter pendant leur épreuve orale du Leaving Cert. Tous les documents traitent de différents aspects de la santé.

Dylan:
1. What is Dylan's ambition? *He want be medecin and help the sick people.*
2. What was the original aim of the organisation Médecins du Monde?
3. Describe the work of this organisation at present.

Emily:
4. What made Emily decide to do an article on plastic surgery? *She read a journal*
5. What is the situation in Spain? *40.000 mille spanish to plastic surgery 70% girls, 63% boy thinks it rellay important the appearence*
6. What percentage of boys are unhappy with their physical appearance?
7. What is Emily's personal attitude to plastic surgery? *Just after a accident or for phisical probleme.*

Ryan:
8. What precisely is the topic of Ryan's document?
9. Name two of Ryan's basic rules. *1) not drink went you are alone. 2) drink water went your tirsty you drink water. 3) went your tirsty you drink with water. alcohol.*
10. Who is doing the project on scientific progress? *His girlfriend.*

Mémo
For advice on doing a document, see page 195

5.3 Point grammaire

You will have heard Ryan talking about his basic rules for avoiding a problem with alcohol. He used very useful expressions.

On doit …
Il faut …   both mean   *You should or you have to…*

On est obligé de …   *You are obliged to…*

All of these expressions are followed by a verb in the infinitive form.

Exemple : *On doit <u>alterner</u> l'eau et l'alcool.*
On est obligé d'<u>arriver</u> à l'heure à l'école.

* quand il fait chaud
△ forme.

5.3A À vous !

Traduisez les phrases suivantes en français.

1. You should go to the doctor. *Il faut aller chez le médecin.*
2. You should drink in moderation. *Il faut boir avec modération*
3. You should drink more water when the weather is warm. *Il faut boir de l'eau* *
4. You must respect the rules in school. *Il faut respecter les règles de l'école*
5. You must play sport to keep fit. *Il faut faire du sport pour rester en* △
6. You must be in good health to enjoy life. *Il faut être en bonne santé pour s'amuser.*

5.3B À vous !
Quelques chiffres

Espérance de vie

37ans   1830

39ans

1950

54ans   59ans

1. L'espérance de vie en France a augmenté. Pourquoi à votre avis ? Donnez votre opinion. Pensez-vous que c'est la même chose chez vous en Irlande ? ** Il y a des antibiotiq et d'autres médicamen pour traiter les malades. On a un niveau de vie beaucoup plus élevé maintenant. Par exemple on mange mieux, nous habitons de meilleu maisons. Les enfants sont vaccinés. **

2. « *Un esprit sain dans un corps sain* ». Commentez cette idée. *Il faut faire du sport, être positif. Mange sain… bien dormir : si on dort bien on se sent bien se coucher assez tôt une ou deux fois par semaine.*

2010

84ans

77ans

5.4A *La première greffe du visage*

En 1998, le professeur Jean-Michel Dubernard a réalisé la première greffe de la main. En 2005, il a réalisé encore un autre énorme défi. La première greffe partielle du visage. Isabelle Dinoire a eu cette opération à l'hôpital universitaire d'Amiens le 27 novembre 2005. Isabelle avait perdu la plupart de son visage y compris son nez après avoir été attaquée par son chien. Le donneur ayant été déclaré cérébralement mort, on a greffé les muscles et les os de la patiente.

La première greffe du visage

LISEZ

Lisez cet article intéressant et répondez aux questions suivantes:

1. Qui a réalisé cette opération historique ?
2. Quelle partie du corps a été greffée ?
3. Où se trouvait l'hôpital ?
4. Écrivez en français la date et l'année de l'opération.
5. Quelle était la cause de la défiguration d'Isabelle ?
6. Qu'est-ce que vous savez sur le donneur ?

5.4B

Noëlle Châtelet

ÉCOUTEZ

Noëlle Châtelet has written a book on this first face graft called *"Le baiser d'Isabelle"*. **Listen to this interview where she describes this amazing scientific and human adventure.**

1. When was the book written? *2007*
2. Where did the idea for this book come from? *graft medical*
3. Describe her meeting with Isabelle. *Noëlle want talk about Isabelle's story*
4. What did they talk about during the four months of interviews? *Every things*
5. In what way is Isabelle a totally new person? *Like her sister.*
6. What is Isabelle's attitude towards the woman who gave her her face?
7. What attitude does she have towards the family of the donor?

forever greatful

5.5A Les parties du corps et le visage

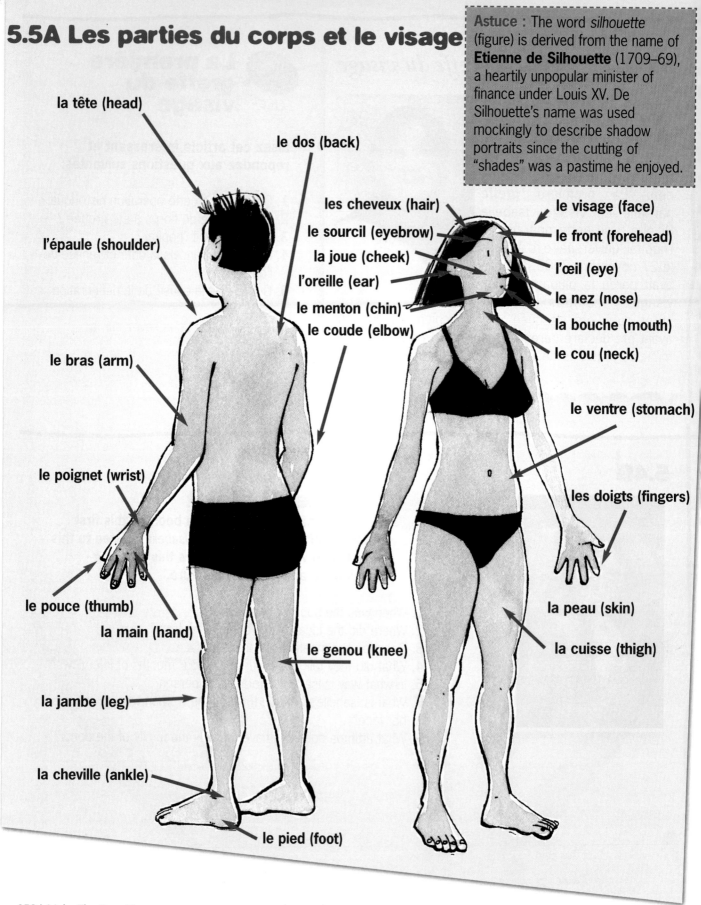

la tête (head)

le dos (back)

les cheveux (hair)

le sourcil (eyebrow)

la joue (cheek)

l'oreille (ear)

le menton (chin)

le coude (elbow)

le visage (face)

le front (forehead)

l'œil (eye)

le nez (nose)

la bouche (mouth)

le cou (neck)

l'épaule (shoulder)

le bras (arm)

le poignet (wrist)

le pouce (thumb)

la main (hand)

le genou (knee)

la jambe (leg)

la cheville (ankle)

le pied (foot)

le ventre (stomach)

les doigts (fingers)

la peau (skin)

la cuisse (thigh)

5.5B Lettres en chiffre sur ces mots

ÉCRIVEZ

Comment le faire ?

Regardez le mot clef (A), inscrivez les lettres où vous les voyez dans les autres mots de la liste. Ensuite essayez de deviner les autres lettres et les autres mots.

A)

C	O	U
1	2	3

B)

C	O	U	D	É
1	2	3	4	5

C)

G	É	N	O	U
6	5	7	2	3

D)

J	O	U	É
8	2	3	5

E)

B	O	U	C	H	É
9	2	3	1	10	5

F)

P	O	U	C	É
11	2	3	1	5

G)

D	O	S
4	2	12

H)

P	É	A	U
11	5	13	3

I)

N	É	Z
7	5	14

J)

B	R	A	S
9	15	13	12

ÉCOUTEZ

5.6 Allô, Docteur !

Ta santé t'inquiète? Téléphone-nous et Dr Isabelle Dennery peut t'aider.

Listen to Laura's, Mathéo's and Baptiste's problems and note the advice given.

	Details of Problem	Solution suggested
Laura	She's not sleeping	Not eat really strong, don't watch a movie, not read a book
Mathéo	How have a white teeth ?	brush your teeths 3 mins and 3 per days. Not cafe and smoked!
Baptiste	sore of back ?	be carfuel with you bag in 2 shoulders. eat strong and practis a swim.

GRAMMAIRE

5.7 Point grammaire !

Tu as remarqué ?

When Laura and her friends were talking to Dr Dennery they used the **vous** form of the word **you.**

1. _Aidez_-moi … _Pourriez-vous_ me donner un conseil ?

When Dr Dennery replied with her advice, she answered in the **tu** form. Can you say why this is so?

2. Je _te_ conseille quelques petits trucs pour mieux _t'_endormir.
3. Ne regarde pas !
4. Ne mange pas !
5. Tu peux faire dix minutes de promenade.
6. Si tu as un chien, sors-le !
7. Bois du lait avant de te coucher !
8. Je pense qu'avec ces conseils, tu dormiras mieux.
9. Choisis-le blanchissant.
10. Il faut faire attention à ta posture et porter ton sac avec les deux bretelles.

Copy out each of these sentences in italics in your copy and underline each word or words that relate to the **tu** or **vous** form. (The first two are done for you.)

5.8 Toutes folles de ... Un corps au top

Baptiste was advised to play sport in order to avoid back pain. Read the article opposite on how to stay fit by playing sport and describing how different sports have different physical effects on the body and answer the questions below.

Toutes folles de ...
Un corps au top!

Il est temps de se préparer pour l'été ! Voici les sports les plus adaptés aux parties du corps que vous souhaitez remodeler !

- **La natation :** ce sport affine et fait travailler en douceur tous les muscles de votre corps. Pour que ce soit plus efficace pour les abdominaux, optez pour le dos crawlé ! À éviter si vous ne souhaitez pas développer vos épaules.

- **Le roller :** idéal pour se muscler les jambes, il est également conseillé à toutes celles qui se trouvent un peu "carrées". Vous retrouverez une silhouette harmonieuse. À éviter si vous avez quelques problèmes au niveau des articulations (genoux, chevilles ...) !

- **Le vélo :** rien de tel que cette activité pour remodeler vos fesses ainsi que vos cuisses ! À éviter si vous trouvez vos mollets déjà trop gros !

- **La corde à sauter :** extra si vous rêvez d'un fessier d'enfer, rebondi et dur comme de la pierre ... À éviter si vos voisins du dessous ne tolèrent aucun bruit !

- **La course à pied :** il n'y a pas mieux pour sculpter l'intégralité de votre corps ! À éviter si vous n'êtes pas en bonne santé.

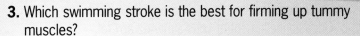

1. According to this article when may you particularly want to get fit?

2. Why is swimming particularly good?

3. Which swimming stroke is the best for firming up tummy muscles?

   The crawl

4. Which muscles does roller-skating develop?

   The leges.

5. Who should avoid this activity?

   people with arteritis.

6. People who want to develop their calves and thighs should do which sport?

   Cycling

7. What activity is suggested for those who have 'thunder thighs'?

8. What problems may those who live in apartments have?

9. What sport is ideal for the body as a whole?

   Running.

10. Why may you have to avoid running?

    If you not in good health.

5.9 Votre corps parle de vous

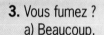

Quel rapport avez-vous avec votre corps ? Faites ce test et découvrez !

1. Le meilleur moyen pour vous relaxer après une
journée stressante :
   a) Un bon film devant la télé.
   b) Du sport.
   c) Une promenade au bord de la mer.

2. Mal de tête. Que faire ?
   a) Allô docteur ?
   b) Vous prenez un médicament.
   c) Ça finira bien par passer.

3. Vous fumez ?
   a) Beaucoup.
   b) Occasionnellement et vous aimeriez arrêter.
   c) Pas du tout.

4. Pour vous, la nourriture est …
   a) un refuge.
   b) une nécessité.
   c) un plaisir.

5. Votre ami vous propose de l'accompagner pour un jogging de 5 km.
Vous répondez …
   a) Pourquoi pas ? Je peux te suivre à vélo ?
   b) Heu … une autre fois peut-être ?
   c) Où sont mes MBT ? J'arrive.

6. Imaginez-vous dans dix ans.
   a) Quelle horreur ! Vous voulez me déprimer
      pour la journée !
   b) Je serai vraiment âgé(e).
   c) Je serai presque le / la même qu'aujourd'hui.

7. Ce matin, c'est une belle journée et le soleil brille.
   a) Vous portez les mêmes vêtements qu'hier.
   b) Vous mettez des couleurs sombres, comme d'habitude !
   c) Vous portez des vêtements clairs et vifs.

8. En librairie, quel livre achetez-vous ?
   a) « Mon corps – cet inconnu ».
   b) « Des recettes pour les gâteaux au chocolat ».
   c) « Faire du sport pour se maintenir en forme ».

9. Impossible de dormir ...
   a) Vous prenez un médicament.
   b) Vous regardez la télé.
   c) Vous vous concoctez une tisane à base de plantes.

c

10. Grand soleil aujourd'hui. Que faites-vous ?
   a) Vous lézardez sur un transat.
   b) Vous restez à l'intérieur de la maison.
   c) Vous vous amusez dehors.

a

Maintenant, comptez vos points pour déterminer votre portrait santé.
(Ne le prenez pas trop au sérieux !)

a : 3   b : 2   c : 5

Majorité de (a) – votre corps est votre ennemi.
Vous avez du mal à accepter votre corps. Tentez
dès aujourd'hui de faire la paix avec vous-même.
Évitez le stress et les pensées négatives.

Majorité de (b) – votre corps est à l'abandon.
Votre santé passe souvent après le plaisir. Vous
n'écoutez pas les signes de votre corps. Faites plus
de sport, bougez, mangez sain. Apprenez à aimer
votre corps !

Majorité de (c) – votre corps est votre ami.
Bon travail ! Vous êtes sportif(ve). Vous mangez
équilibré, veillez à votre sommeil et l'idée de vieillir
ne vous effraie pas.

5.10 Docteur, c'est vrai ou c'est faux ?

Regardez ces conseils de grand-mère et complétez le texte en écrivant les mots suivants dans les espaces appropriés.

ÉCRIVEZ

| Liverpool | et | bouche | l'eau | stress | mémoire | excellents |

Mange du poisson, c'est bon pour la ....memoire.........
Vrai. Les protéines et les acides sont ......excellents..... pour le cerveau.

L'ail éloigne le médecin.
Vrai. D'après des études menées à ....Liverpool..., l'ail est bon pour le cœur. Il dilate les
vaisseaux sanguins ....et........... abaisse le taux de mauvaises graisses dans le sang.

Ne bois pas l'eau à la bouteille.
Vrai. La .....bouche..... contient des milliards de germes qui contaminent le
reste de ....l'eau.......

Le stress fait grossir.
Vrai et faux. Le ....stress...... peut aussi bien faire maigrir que grossir à
cause des glandes qui jouent un rôle dans la régulation de l'appétit.

5.11 Incroyable mais vrai !

ÉCOUTEZ **Listen to these crazy health-related articles and answer the questions.**

A blind man at the wheel!

1. What nationality was this driver?

2. What speed was he going at?

3. What was he charged with?

Recycled teeth!

4. In what country did this happen?

5. How much money did the company make from recycling false teeth?

A heart attack in the right place at the right time!

6. Why was Dorothy going to America?

7. Who helped her when she got a heart attack on her flight?

8. What was the outcome of this story?

Yuk! Computers are dirtier than toilets.

9. When does everyone wash their hands?

10. What was this discovery uncovered in an English magazine?

LAVEZ-VOUS TOUJOURS LES MAINS

ÉCOUTEZ   PARLEZ

5.12 L'épreuve orale de Hannah

Hannah a passé une épreuve orale avec son prof de français. Pendant l'épreuve, le prof lui a posé des questions sur la santé.

Vous allez bien, Hannah ?
Oui, assez bien. Je fais attention à ma santé. Je vais à la gym trois fois par semaine et je m'entraîne pour me maintenir en forme. Je fais attention à ce que je mange et je bois beaucoup d'eau.

Qu'est-ce que vous mangez ?
Je mange des légumes verts, des fruits et j'évite les boissons sucrées et gazeuses, ce que je trouve difficile parce que j'aime Red Bull.

C'est mauvais pour la santé ?
C'est interdit dans beaucoup de pays. On dit qu'une canette est l'équivalent d'un litre de café. Les jeunes en boivent souvent pour diminuer la sensation de fatigue en soirée mais le lendemain, on peut avoir des problèmes de concentration, d'insomnie. Donc j'essaie de boire du jus de fruit ou de l'eau. En plus, j'ai des allergies alimentaires.

C'est quoi une allergie alimentaire ?
On peut avoir une réaction plus ou moins importante en mangeant certains aliments. Peut-être des vomissements, la diarrhée ou dans les cas graves – la mort. On estime que 5 enfants sur 100 souffrent d'allergies alimentaires.

Alors très intéressant. Au revoir et merci Hannah.
Merci monsieur.

Vous faites attention à votre peau ?
J'y fais très attention. J'aime être un peu bronzée mais j'utilise de la crème solaire et je porte un chapeau de soleil.

La peau ? Pourquoi avez-vous choisi la peau ?
C'est fascinant. Ma sœur était enceinte et j'étais fascinée par son ventre. La peau était si élastique. Aussi quand on se brûle ou que l'on se blesse, la peau est capable de s'auto-réparer. Nous avons tous 4 kilos de peau et nous perdons 4 kilos de peaux mortes chaque année.

Vous faites de la biologie cette année ?
Oui et en classe de biologie, je viens de faire un document sur la peau.

Vous êtes allergique à quoi ?
Je suis allergique au kiwi et aux cacahuètes. La seule solution c'est d'éviter l'aliment qui me rend malade.

PARLEZ

Et vous ?

En groupe, discutez et puis écrivez vos réponses.

1. Vous allez bien en ce moment ?   *Je vais très bien / Je suis enrhumé(e) (have a cold)*
2. Vous êtes conscient de ce que vous mangez ? *Je mange…*
3. Vous êtes allergique ? *Je souffre … / Je ne souffre pas …*
4. Que faites-vous pour rester en forme ? *Je bois de l'eau /Je suis membre …*

5.13 Vocabulaire : Le conditionnement physique

le gymnase (gym)

les poids	weights
le banc	bench
l'appareil de gym	gym equipment
le vélo d'entraînement	exercise bike
la machine de randonnée	walking machine
le tapis roulant	treadmill
l'entraîneur individuel	personal trainer
l'entraînement en circuit	circuit training
l'aérobic	aerobics
les baskets	runners
le maillot	vest/jersey
le short	shorts
le survêtement	tracksuit
s'échauffer	warm up
la machine à ramer	rowing machine

Quiz en forme

Across

4 Tout le monde aime être en …
5 On s'assied ici
6 Footing
9 On nage ici
10 On les porte aux pieds

Down

1 Il faut pédaler
2 Bon pour le cœur
3 C'est chaud
7 On s'entraîne ici
8 C'est lourd

Crossword solution:

1 (Down) VÉLO
2 (Down) AÉROBIC
3 (Down) SAUNA
4 (Across) FORME
5 (Across) BANC
6 (Across) JOGGING
7 (Down) GYM
8 (Down) POIDS
9 (Across) PISCINE
10 (Across) BASKETS

5.14 En forme en transition !

ÉCOUTEZ Listen to these health-related activities that Ben, Rachel and Grace did during their transition year and answer the following questions:

Astuce : You may like to revise your numbers before you do this exercise. See 'Les Nombres'.

Ben
1. What course did Ben do in transition year?
2. What plans has he got for the future?

Rachel
3. What are some of the symptoms of depression mentioned here?
4. What can you do to help a friend who suffers from depression?

Grace
5. What % of students have tried cigarettes?
6. What % smoke regularly?
7. What % have tried cannabis?
8. What % of the people questioned have already been drunk?

5.15 Incroyable mais vrai sur l'alcool

ÉCOUTEZ Listen to these zany news items on the topic of alcohol and answer the questions.

Drunk driver, car stops automatically
1. What car company has invented this car?
2. How does the car detect that the driver is drunk?

Safe journey!
3. What age was the German driver who tested positive on a breathtest?
4. What had caused the false reading?

Saved by vodka
5. What did the Italian tourist accidentally do?
   a) Drink anti-freeze.
   b) Take a bottle of vodka without paying.
   c) Forget to take his medicine.
6. How much vodka did the doctors have to give him?

5.16 Des articles bizarres !

Read these crazy but interesting articles and answer the questions.

LISEZ

Combien pèse une tête ?

Deux yeux, deux oreilles, un nez, une bouche, 32 dents (…normalement). Ajoutez cerveau, glandes, peau, os et muscles qui structurent et animent le tout. Ça donne combien sur la balance ? Pas moins de 4 à 5 kg. Rassurez-vous, on n'a pas sacrifié une tête pour les besoins de l'enquête, mais appelé un médecin légiste, qui a eu la professionnelle expérience d'en voir une séparée de son corps. Pas réjouissant, mais maintenant on sait.

1. Name each part of the head mentioned in this article.
2. How did scientists manage to find out what a head actually weighs?

Est-ce que manger des carottes améliore la vue ?

Pourquoi dit-on alors que des carottes sont bonnes pour la vue ? Parce qu'elles contiennent du bêta-carotène, transformé par l'organisme en vitamine A, essentielle à nos yeux. Elle est présente dans le lait, le beurre, les oeufs, le foie, les légumes verts, les fruits jaunes et oranges, difficile de la louper ! Mais ne boudez par les carottes : comme tous les fruits et légumes, elles sont gorgées de vitamines et d'antioxydants, bons pour la mine et la longévité !

3. Does eating carrots actually improve your eyesight?
4. What other beneficial foods are mentioned here?
5. What other health benefits do carrots have?

Pourquoi les ivrognes ont-ils le nez rouge ?

Parce qu'ils boivent de l'alcool ! L'alcool, comme le froid, l'émotion ou le stress, dilate les petits vaisseaux sanguins qui se trouvent juste sous la peau. Résultat : le rouge monte aux joues … et au nez ! La solution : consulter un médecin … et laisser tomber la bouteille.

Pourquoi a-t-on des sourcils ?

Pour protéger nos yeux, pardi ! Nos sourcils freinent sueur, pluie et autres microparticules dégringolant du front. Sans oublier qu'ils traduisent à merveille nos émotions. Froncés : ils traduisent une interrogation. Surélevés : grosse surprise. Abaissés : c'est pas la frite … Sauf s'ils sont réduits au silence par une injection de Botox !

6. Why do alcoholics have red noses?
7. Explain the physical changes mentioned here.
8. Explain one solution.

9. Why do people have eyebrows?
10. Give some examples of how eyebrows can show your mood.

Le travail et le stage professionnel

règle no1
2
3

- French people and work
- Choosing a job
- Exciting jobs
- Vocabulary from the world of work
- Strange but true (work-related)
- Getting a job online
- Advice about work experience
- Hints and tips on going for a job
- How to survive work experience
- Les sigles
- Form filling
- Describing your work experience

Oral work

PARLEZ Tom does an interview for his work experience. Eva, Léo and Lola describe their work experience.

Website

WEB www.letudiant.fr

Grammaire

GRAMMAIRE L'impératif.

6.1 Le travail

Un Français sur trois travaille. Les autres sont les enfants, les étudiants, les retraités et les chômeurs. Aujourd'hui, les jeunes étudient plus longtemps et entrent dans la vie active entre 25 et 29 ans. Il y a une forte augmentation du nombre de femmes qui travaillent. Plus de 75% des femmes ont une activité professionnelle et pour 60% des couples, la femme et l'homme travaillent tous les deux.
Le chômage est la crainte principale des Français.

L'étranger

1,7 millions de Français travaillent à l'étranger. Pour la plupart en Angleterre mais aussi en Allemagne, aux États-Unis, au Canada et en Italie. En revanche, 1,6 millions d'étrangers travaillant en France viennent du Portugal, d'Algérie, du Maroc et d'Espagne et ils s'installent pour la plupart à Paris.

Les syndicats

Malgré le fait que la France soit un pays où le taux de syndicalisation (7%) est le plus faible de l'Union européenne, la France a une réputation d'être le pays des grèves (infirmières, cheminots, étudiants, routiers et agriculteurs) et les Français, en général, protestent facilement.

Les nouvelles formes de travail

La France est entrée dans la nouvelle technologie qui touche tous les métiers. Le monde du travail a été transformé. On a le travail à domicile, le travail à employeurs multiples et le télé-travail. Ajoutons la flexibilité et l'adaptabilité, et la vieille idée d'un métier pour la vie a complètement changé.

L'industrie du luxe

La France a une réputation pour l'élégance, la beauté et l'art de vivre. La fameuse Avenue des Champs Elysées, la Place Vendôme et l'Avenue Montaigne, également appelées le triangle d'or, sont renommées pour leurs bijoux et la haute couture. Les créations comme les sacs Vuitton, les foulards Hermès, les vêtements Chanel et Pierre Cardin et de nouveaux designers comme Philippe Starck contribuent à façonner une image chic de la France et créent des centaines d'emplois.

Lexique	
les retraités	*retired people*
malgré le fait que...	*despite the fact that...*
les cheminots	*railway workers*
les routiers	*lorry drivers*

6.1A Le travail

ÉCRIVEZ

Read the articles on the previous page. Say if the following statements are true or false:

	True	False
1. In France 2 out of 3 people work.	☐	☒
2. Young people start work earlier than ever.	☐	☒
3. In 80% of couples, both parties work.	☐	☒
4. Unemployment is a big worry for French people.	☒	☐
5. Trade union membership is fairly poor in France.	☒	☐

Finish these sentences

6. 1,6 million foreigners ...*work in France*...

7. Immigrant workers in France come from ...*Portugal, Spain, Algeria*...

8. As regards strikes, French people ...*are famous for protesting*...

9. The golden triangle in Paris is famous for ...*jewellery and designer cloths*...

10. ...*chanel*... and ...*Pierre Cardin*... are famous brands of French luxury goods.

6.1B Les choses les plus importantes dans le choix d'un travail

ÉCRIVEZ

Quelles sont les choses les plus importantes dans le choix d'un métier ?
Par groupes de deux, faites votre choix en organisant de 1 à 10 les phrases proposées ci-dessous, et apprenez à vous connaître. Indiquez votre choix en bleu, et celui de votre voisin(e) en rouge.

Exemple : Pour moi, aider les autres est en première place et toi, David ?

	Aine	Moi	Mon voisin / ma voisine
a. un bon salaire ⑧	⑪	☐	☐
b. avoir de longues vacances ⑥	⑥	☐	☐
c. avoir de bonnes conditions de travail ④	②	☐	☐
d. avoir des heures régulières ⑤	⑩	☐	☐
e. être en contact avec la nature ⑪	⑪	☐	☐
f. aider les autres ⑦	⑤	☐	☐
g. avoir des responsabilités ⑩	⑨	☐	☐
h. faire des affaires ⑨	⑫	☐	☐
i. faire un travail que j'adore ①	①	☐	☐
j. créer, inventer ②	⑦	☐	☐
k. la sécurité de l'emploi ⑫	⑧	☐	☐
l. avoir du temps libre ③	③	☐	☐

J'AI L'ARGENT
JE SUIS
LE PATRON

6.2 Les métiers qui vous passionnent !

C'est le rêve de tout le monde d'avoir un travail qu'on adore. Peut-être quelque chose un peu différent ! Écoutez deux interviews et répondez aux questions.

David Copperfield, magician

1. What gave David the idea of becoming a magician?

He love cinema but he's best at magic so he mixets both.

2. What is his favourite trick?

Delso (la sie de la mort)

3. What achievement is he most proud of?

project magic

4. Is he thinking of giving up? (Give details)

No, his work is a game for him.

5. What effect has holding so many records had on him?

Mike Bannister, pilot on Concorde for 22 years

6. Why did he decide to become a pilot?

When he was little

7. Why is a flight on Concorde so different?

Yes, concorde fly really fast and more up

8. Name what passengers he had (one point).

Business men / women

9. What other aircraft did he pilot?

100

10. What advice would he give to someone who wished to be a pilot?

to dream.

Mémo
Go to www.edco.ie/ty for interesting references. See David Copperfield do a trick and the last flight of the Concorde.

VOCABULAIRE

6.3A Vocabulaire du monde du travail

Le personnel

le directeur/la directrice	*manager*
le cadre	*executive*
le directeur général	*managing director*
l'homme d'affaires	*business man*
la femme d'affaires	*business woman*
le/la client(e)	*customer*

Le bureau

la réunion	*meeting*
la salle de conférence	*meeting room*
l'ordre du jour	*agenda*
assister à	*to attend*
quelles sont vos heures de bureau ?	*what are your office hours?*
la conférence est à quelle heure?	*what time is the conference at?*

Les affaires

le portable	*laptop (also mobile phone)*
le palm	*palmtop*
les notes	*notes*
le déjeuner d'affaires	*business lunch*
le voyage d'affaires	*business trip*
le rendez-vous	*appointment*
le contrat	*business deal*
la société	*company*

ÉCRIVEZ

6.3B Unjumble the following words

1. rtalaiv .... *travail*
2. seont .... *notes*
3. nerzed-souv .... *rendez-vous*
4. torpbale .... *portable*
5. genada .... *agenda*
6. ridetcuer .... *directeur*
7. frcconneée .... *conférence*
8. atntroc .... *contrat*
9. étécios .... *société*
10. mmefe d'sarefaif .... *femme d'affaires*

6.4 Internet et le travail

Comme nous l'avons découvert dans ce dernier article, c'est toujours difficile de trouver le poste parfait. Lisez cet article tiré d'un journal suisse (*Matin Bleu*) avec ses conseils pour trouver un travail sur la Toile (on the Internet).

Les Suisses utilisent toujours plus la tactique du clic pour trouver un job

EMPLOI. **Plus de trois quarts des Suisses utilisent internet pour dénicher une place.** La Toile est devenue l'instrument privilégié (77%), devant les agences de placement (59%) et les annonces dans la presse (54%), selon une enquête publiée hier par Kelly Services. La recherche par Internet permet de consulter une offre de postes plus étendue dans différentes régions et même dans d'autres pays, ainsi que des informations plus détaillées sur les entreprises visées, leurs exigences et leurs conditions de travail. Les champions européens de la cyber-recherche d'emploi sont les Danois (93%), suivis des Belges (90%), Néerlandais (89%), Allemands (84%), Suisses (77%), Britanniques (73%), et Français (70%). L'enquête a été menée dans 12 pays européens auprès de 19 000 personnes.

1. Relevez la phrase qui dit que plus de 75% des Suisses utilisent le web pour trouver un emploi ?

2. Quels sont les autres moyens cités ici pour trouver un job ?

En deuxième place : *Les agences de placement*

En troisième place : *Les annonces dans la presse.*

3. Cherchez la phrase qui indique que le web est un bon outil pour trouver un poste à l'étranger.

4. Quelles autres informations utiles peut-on trouver sur Internet afin de décrocher un job ?

des informations plus détaillées sur les entreprises visées, leurs exigences et leurs conditions de travail.

5. Quelle nationalité utilise le plus Internet pour la recherche d'un job ?

Les Danois

6. À quoi se réfère le chiffre 12 ?

Au 12 pays européens.

6.5 Incroyable mais vrai !

Extreme accounting!
1. This new crazy sport combines two skills, accounting and extreme sports. Where should the participant go to take part in this sport?
2. What does he/she try to do?

Marathon panic!
3. How did Olga get time off work to take part in the marathon?
4. Why did she panic in the last few kilometres?
5. How did she try to "escape" the photographers?

Winning a job!
6. In what country is this economic crisis occurring?
7. On what amount of money are 19 million people living per month?
8. What is the aim of this TV show?

6.6 Point de grammaire

L'impératif (order form)

Vous avez noté ?

Travaillez dur !
Arrivez à l'heure !
Essayez de découvrir… !
Soyez poli(e) !

This is formed from the present tense of the verb. All you do is take away the pronoun part (this is actually what you also do in English but you never really think of it as a rule, you just know it automatically!).

Group 1	Present	Order form
	porter (to wear or to carry)	
~~tu~~ portes		porte !
~~nous~~ portons		portons !
~~vous~~ portez		portez !

Group 2	Présent	Order form
	finir (to finish)	
~~tu~~ finis		finis !
~~nous~~ finissons		finissons !
~~vous~~ finissez		finissez !

Group 3	Present	Order form
	perdre (to lose)	
~~tu~~ perds !		perds !
~~nous~~ perdons		perdons !
~~vous~~ perdez !		perdez !

	Present	Order form
Reflexive verbs	se laver (to wash yourself)	
	~~tu~~ te laves	lave-toi !
	~~nous~~ nous lavons	lavons-nous !
	~~vous~~ vous lavez	lavez-vous !

Go back over the verbs that have irregular present tenses (see pages 22+23).

Irregular orders. Learn these by heart.

avoir (to have)	être (to be)	savoir (to know)	s'asseoir (to sit)
aie !	sois !	sache !	assieds-toi !
ayons !	soyons !	sachons !	asseyons-nous !
ayez !	soyez !	sachez !	asseyez-vous !

6.7 Conseils pour le stage professionnel

Docteur François Blanchard est conseillé d'orientation et psychologue au lycée Louis XIV à Toulouse. Il parle aux élèves et leur donne des conseils avant de commencer leur stage professionnel.

Listen to his advice and answer the following questions:

1. What does Dr Blanchard say about work experience?

It's the first contact with the world of work

2. What should the student do before going on work experience?

information

3. What times should they be aware of?

4. What does he say about clothes?

5. What will the school receive after the work experience?

6.8 Des trucs et astuces pour décrocher un job ou un stage

Part of getting your 'stage professionnel' organised is finding a suitable job and doing an interview. Fill in this advice in the order form (2nd person plural).

> On te paie à la fin du mois... pas avant le stage !

(Trouver) _Trouvez_ un stage que vous aimez si possible. (Penser) _Pensez_ d'abord à votre famille, des amis et des voisins qui peuvent vous aider. (Regarder) _Regardez_ les listes des associations et fédérations sur Internet. (Écrire) _Écrivez_ votre CV, c'est un peu comme votre vie sur papier. (Faire) _Faites_ une liste de vos passe-temps. A l'entretien, (s'organiser) _organisez-vous_ pour arriver à l'heure. (S'exprimer) _exprimez-vous_ calmement et (être) _soyez_ sympathique et détendu(e). (Sourire) _Souriez_ et (montrer) _montrez_ votre personnalité. (S'intéresser) _intéressez-vous_ aux objectifs de l'entreprise, au chiffre d'affaires, à la clientèle, etc. et (essayer) _essayez_ de faire bonne impression.

6.9 Tom téléphone pour décrocher un entretien

Listen to Tom phoning to arrange an interview for his work experience and answer the following questions:

1. Name the company Tom phones.

crédit agricole

2. To whom does he speak?

Madame Clavel

3. Why does Madame Clavel seem optimistic about Tom's chances of finding work experience there?

4. What does Tom have to do?

5. When is Tom's interview?

Wednesday, 4:30 p.m.

6.10 La fiche d'emploi

Imaginez que vous voudriez faire ce stage. Remplissez la fiche suivante:

Demande de stage

Nom _____

Prénom _____

Age _____

Date de naissance _____

Lieu de naissance _____

Situation de famille _____

Emploi partiel _____

_____

Loisirs _____

_____

_____

Pourquoi voudriez-vous faire votre stage professionnel au Crédit Agricole ? _____

_____

_____

6.11 Le stage en entreprise

Read this advice on how to manage your work experience from a French magazine and answer the questions below. Some aspects are different from what we would expect in Ireland but it's all interesting.

Comment réussir un stage en 5 leçons.

Pour les étudiants, le stage en entreprise est un passage obligé. Il débouche même parfois sur un vrai job. Alors, autant ne pas se tromper.

1. Soyez sélectif

Un bon stage peut changer votre vie ! Alors, définissez précisément le profil de poste que vous recherchez. Il doit bien sûr être réaliste et correspondre aux études que vous poursuivez afin d'avoir une chance d'aboutir. Ensuite, établissez une liste des entreprises qui, dans votre région, peuvent vous proposer ce type d'offres. À éviter absolument : le « stage photocopies » ou « machine à café ».

2. Fixez-vous une durée

Trop court (moins de deux semaines), il risque de ne pas être formateur. Trop long (au-delà de quatre mois), vous finissez inévitablement par occuper la place d'un « vrai » salarié. Dans ce dernier cas, autant essayer d'obtenir un véritable contrat de travail, correctement rémunéré. À savoir : légalement, un stage ne peut durer plus de six mois, renouvellement compris, sauf s'il est intégré à votre cursus scolaire ou universitaire.

3. Demandez à être payé

En théorie, tout travail mérite salaire. Mais, en pratique, la loi prévoit uniquement une « gratification » pour les stages d'au moins trois mois consécutifs (loi sur l'égalité des chances du 31 mars 2006). Et encore, elle ne fixe aucun revenu minimum. Notre conseil : informez-vous sur les pratiques de la société, voire de votre école (certaines passent des accords avec les employeurs).

4. Signez une convention

La convention de stage est obligatoire. C'est une vraie « feuille de route ». Elle vous permet, avant même votre arrivée dans l'entreprise, de connaître la nature précise de vos activités, les dates de début et de fin de votre stage, les conditions d'absence ou de suspension. Elle précise aussi : le montant exact de votre gratification et les avantages accordés (tickets-repas, remboursement de transport …).

5. Adoptez les codes de l'entreprise

Sur place, manifestez votre envie d'apprendre et investissez-vous dans votre mission. N'hésitez pas à poser des questions diverses à vos supérieurs. Votre curiosité et votre implication joueront toujours en votre faveur. En revanche, si l'employeur n'est pas « correct », ne vous laissez pas faire. Discutez-en dans un premier temps avec lui et/ou avec l'école.

Bientôt une nouvelle loi

Xavier Bertrand, ministre du Travail, a promis un statut pour les stagiaires. Un décret devrait donc fixer la grafitication minimale pour les stages de plus de trois mois consécutifs. Le collectif Génération précaire, qui milite pour moraliser cette pratique réclame 50% du Smic pour ceux de moins de trois mois, et plus de 80% pour ceux entre trois et six mois. Affaire à suivre donc.

6.11A Questions

1. Why is finding a good place for your work experience so important according to this article? (Section 1)
2. What should you avoid? (Section 1)
3. What length of time is recommended? (Section 2) Give as much detail as possible.
4. What is the legal position as regards length of work experience? (Section 2)
5. What is the legal position as regards being paid? (Section 3)
6. What advice is given as regards payment? (Section 3)
7. What sort of items could be detailed in your contract? (Section 4)
8. What do they recommend you do in order to get along well at your work experience? (Section 5)
9. What should you do if you feel that things are not going well? (Section 5)
10. What is the new recommendation from the Minister of Employment as regards work experience? (Bientôt une nouvelle loi …)

Lexique

Le SMIC = Salaire minimum interprofessionnel de croissance (i.e. minimum salary)

ÉCRIVEZ

6.11B Les ordres

A. Read through the article again and make a list of each of the orders and say what each one means.

B. Et maintenant à vous !
Mes astuces pour réussir un stage

a) ...Arrivez à l'heure !.....

b) ...Soyez poli(e)...

c) ...Écoutez les instructions !...

d) ...Portez des habits appropriés !...

e) ...N'hésitez pas à demander en cas de problème...

6.11C Les sigles

These are initials that are commonly used as words. Look at the list below and try to match each abbreviation with the correct form and say what they mean. Some concern work but others don't.

Regardez l'exemple suivant :

Exemple :

1. SMIC	A.	**salaire minimum interprofessionnel de croissance (le salaire minimum)**
2. ANPE	B.	Syndrome de l'immunodéficience acquise.
3. CIDJ	C.	Union européenne des associations de football.
4. RTT	D.	Fédération internationale des associations de football.
5. SIDA	E.	Centre d'information et de documentation jeunesse.
6. SDF	F.	Train à grande vitesse.
7. FIFA	G.	Réduction du temps de travail.
8. UEFA	H.	Sans domicile fixe.
9. FFF	I.	Agence nationale pour l'emploi.
10. TGV	J.	Fédération française de football.

1	2	3	4	5	6	7	8	9	10
A									

ÉCOUTEZ

6.12 L'interview de Tom

Mercredi après-midi, à seize heures trente tapantes, Tom entre dans le bureau de Mme Clavel. Il porte un pantalon chic, une nouvelle chemise et la cravate de son père. Il est un peu nerveux. Écoutez son entretien.

Bonjour Tom et merci d'être venu. Parlez-moi de vous.
Je m'appelle Tom et tous mes amis m'appellent T parce qu'il y a deux Tom dans ma classe. J'ai seize ans et mon anniversaire est le 20 juin.

Combien de personnes y a-t-il chez vous ?
Chez nous, il y a cinq personnes. Mon père, ma mère, mon frère aîné Paul, qui a fait son stage ici chez vous il y a deux ans, et ma petite sœur Anaïs.

Ah ! Vous êtes le frère de Paul Martin ! Mais bien sûr, vous lui ressemblez. C'était un garçon très sage et bon travailleur. Que fait Paul maintenant ?
Paul fait des études de comptabilité à Paris et il aime bien ça.

Vous voudriez faire de la comptabilité aussi ?
Si j'obtiens les résultats nécessaires, je voudrais étudier l'informatique. Je crois que c'est une profession qui a beaucoup d'emplois et qui paie très bien. En plus, j'adore l'informatique à l'école.

C'est votre matière préférée ?
Oui et non. J'adore les arts plastiques et tout le monde à la maison est assez doué pour l'art, puisque ma mère est prof de dessin.

D'accord Tom. Vous pouvez commencer chez nous le 5. Vous pourriez aider Monsieur Imbert qui s'occupe de la technologie. Je suis sûre que vous serez content chez nous, au Crédit Agricole. Au revoir Tom.
Au revoir Madame et je vous remercie beaucoup.

Alors Tom, c'est quand votre stage professionnel ?
Je dois commencer le cinq février et notre expérience va durer deux semaines. C'est-à-dire jusqu'au 19 février.

Pourquoi voudriez-vous travailler ici au Crédit Agricole ?
Premièrement parce que Paul était très content ici. Comme je l'ai déjà dit, je voudrais travailler dans le domaine de l'informatique plus tard et Paul m'a conseillé de venir au Crédit Agricole dans le département informatique.

Vous n'avez jamais travaillé ?
Pas exactement. Je fais du baby-sitting pour mes voisins les Fabien, dont j'ai une lettre de recommandation. La voilà ! En plus, j'ai aidé mon oncle dans son garage l'été dernier.

Vous sortez beaucoup ?
Seulement le week-end. Pendant la semaine, je n'ai pas de temps libre car je me concentre sur mon travail scolaire. Mes parents sont assez stricts et j'ai la permission de sortir le vendredi et le samedi soir seulement.

Quels sont vos passe-temps, Tom ?
Comme Paul, je suis très sportif. Je fais de l'athlétisme, de la natation et je suis membre d'une équipe de rugby. J'adore la musique rock et j'aime sortir avec mes amis.

Et vous ?

Posez des questions à votre partenaire. Vous pourriez ajouter vos propres questions aussi. Prenez des notes et faites une carte identité de votre partenaire.

ÉCOUTEZ

6.13 Le stage professionnel d'Eva, Léo et Lola

Ces autres jeunes du Lycée Napoléon ont fait et observé des métiers intéressants. Écoutez-les et remplissez le tableau ci-dessous.

	Type of job done	What they liked	What they disliked
Eva	- programmer of video games	- 3D - passioned of games	- All the time in front of the screen.
Léo	- sound enginer	- find the music for the games. - he met lot of peoples - he get paid	- the hours were long.
Lola	- forensics	- analysing the stoff.	- She looks at the people working.

6.14 Mon stage professionnel

Vous travailliez où ?
Je travaillais dans un magasin.
    dans un bureau.
    dans une entreprise.
    dans un garage.
    dans un atelier (*workshop*).
    dans un bar.
    dans un hôpital.

Qu'est-ce que vous faisiez ?
J'aidais les autres employés.
Je servais les clients.
Je répondais au téléphone.
Je travaillais à la caisse.
Je prenais les commandes.
Je m'occupais des réservations.
Je faisais les courses.
Je nettoyais les tables.
Je vendais des livres.
Je faisais du classement.

Les horaires
Je commençais à huit heures du matin.
Je finissais à quatre heures de l'après-midi.
Je travaillais huit heures par jour.
Je travaillais de neuf heures à six heures.
J'avais une pause-café à dix heures et demie.

Quelles étaient les qualités indispensables pour ce travail ?
Il fallait avoir un sens de l'humour.
Il fallait être en bonne santé.
Il fallait s'entendre avec ses collègues.
Il fallait avoir de la patience.
Il fallait savoir utiliser les ordinateurs.

Quels étaient les avantages du métier ?
J'étais bien payé(e).
J'ai appris de nouvelles compétences (*new skills*).

Quels étaient les inconvénients du métier ?
C'était fatiguant.
C'était ennuyeux.
Les horaires étaient longs.

Et vous ?
Parlez à votre partenaire au sujet de ce que vous avez fait pendant votre stage professionnel.

Et vous ?
Faites une description de votre stage professionnel par écrit.

Mémo
Type up your account using accents. For advice, see page 197.

Carré d'art

- Famous museums, paintings and monuments
- The birth of art – the Lascaux Caves
- Art vocabulary
- Crazy facts about art history
- The Impressionist painters
- Journal intime: a shocking Manet painting

Painting the school yard; doing a collage; going to an art gallery; studying the Impressionists; learning to customise your clothes; having a go at cartoons and caricatures.

Website

WEB

www.museegranet-aixenprovence.fr
www.cezanne-en-provence.com
www.impressionniste.net

Grammaire

GRAMMAIRE

Le passé composé.

Le musée le plus célèbre, la peinture la plus célèbre, le monument le plus célèbre …
La France a toujours eu une image culturelle <u>élevée</u>. Le musée du Louvre est le foyer pictural le plus célèbre et le tableau de Leonardo de Vinci, <u>la Joconde</u>, est la peinture la plus célèbre du monde. Au Louvre, on peut remonter dans l'art depuis l'Antiquité jusqu'à 1850. La Tour Eiffel, l'idée de l'ingénieur Gustave Eiffel pour l'exposition universelle de Paris en 1900, est le monument le plus célèbre au monde.

Rodin, tailleur d'émotions
Le sculpteur Auguste Rodin (1840–1917) est l'un des plus célèbres sculpteurs au monde. Sa sculpture « Le Penseur » est une ronde-bosse, c'est-à-dire une sculpture autour de laquelle on peut tourner pour la voir de <u>tous les côtés</u>. Rodin travaille le marbre et le bronze. Ses statues ne sont pas jolies mais pleines de vie et de caractère. Beaucoup de ses projets commandés par le Gouvernement ont été refusés parce qu'ils étaient trop expressifs et trop vivants. <u>Malgré ces échecs</u>, Rodin est reconnu comme un immense artiste.

Le Musée d'Orsay
<u>Autrefois</u> une gare SNCF, la Gare d'Orsay est devenue le Musée d'Orsay. En 1986, le président de la République de cette période, François Mitterrand, pensait que ce serait l'endroit idéal pour ce symbole de l'architecture du début du siècle. On peut y trouver des peintures de la deuxième partie du 19ème jusqu'au 20ème siècle.

Le Centre Pompidou
Le Musée Beaubourg ou le Centre Pompidou (nommé en hommage à l'ancien président de la République Georges Pompidou) et le Musée d'Art Moderne de la ville de Paris sont des endroits fascinants où l'on est confronté à l'art contemporain.

<u>Partout en France</u>, il y a des musées incroyables et des endroits fréquentés par des artistes comme le fameux atelier et la maison de Cézanne à Aix-en-Provence qui sont préservés et ouverts aux public.

Lexique

élevée – *high (profile)*
la Joconde – *the Mona Lisa*
tous les côtés – *all sides*
malgré ces échecs – *despite these failures*
autrefois – *in former times*
partout en France – *throughout France*

ÉCRIVEZ **Complete the sentences below based on the text:**

1. France has a very .... image.
2. The Louvre is the ....
3. La Joconde was painted by ..... *Leonardo de Vinci* ....
4. The Eiffel Tower was constructed for ..... *universelle exhibition of Paris in 1900.*
5. Rodin sculpted in ....
6. The Musée d'Orsay used to be ..... *a train station* ....
7. François Mitterrand used to be a ..... *president* ....
8. Le Centre Pompidou is a ....
9. Throughout France there are ....
10. In Aix-en-Provence, you can ....

7.2 La Naissance de l'art

ÉCOUTEZ Il y a beaucoup de grottes impressionnantes en France mais les grottes de Lascaux sont sans doute l'une des découvertes archéologiques majeures du 20ème siècle . Aujourd'hui, nous avons le plaisir d'accueillir Jean Ganet, archéologue et préhistorien, venu nous parler des Grottes.

Listen to Jean Ganet and answer the following questions:

Mémo

For help with numbers, see inside back cover.

1. Jean Ganet wasn't always an archaeologist and historian. What did he do before?

2. How many historic caves are there in Europe?

3. When was the Lascaux cave discovered?

4. How was the Lascaux cave discovered?

5. What was the significance of the drawing according to Jean Ganet?

   a) Prehistoric man loved animals.

   b) Prehistoric man loved art.

   c) They were religious symbols to help with successful hunting.

   d) They were done just to pass the time.

6. How many visitors used to visit Lascaux each day when it was discovered?

7. What has the Government done to try and protect Lascaux?

exhibition

7.3 Grammaire : le passé composé

Grammaire : le passé composé

Vous avez noté: j'**ai décidé**; on **a retrouvé** ; ils **ont trouvé**.
These verbs are in the *passé composé*.

The *passé composé* is the name given to one of the main verb tenses in the past. It is used to express an action that is complete, or over. The word '*composé*' refers to the fact that it is made up of two separate parts:

	(1) auxiliary verb	**(2) past participle**	
chanter	*j'ai*	*chanté*	(I sang / I have sung)
finir	*j'ai*	*fini*	(I finished / I have finished)
vendre	*j'ai*	*vendu*	(I sold / I have sold)

(1) The **auxiliary verb** (or helping verb) is in most cases the present tense of AVOIR (in two very specific cases, ÊTRE is used instead; see pages 91 and 92).

(2) The **past participle** is formed from regular verbs in the following way:

Infinitive	Remove ending	Add	=	Past participle
chanter	→ chanter	+ é	=	chanté
finir	→ finir	+ i	=	fini
vendre	→ vendre	+ u	=	vendu

Chanter	**Finir**	**Vendre**
J'ai chanté	J'ai fini	J'ai vendu
Tu as chanté	Tu as fini	Tu as vendu
Il a chanté	Il a fini	Il a vendu
Elle a chanté	Elle a fini	Elle a vendu
On a chanté	On a fini	On a vendu
Nous avons chanté	Nous avons fini	Nous avons vendu
Vous avez chanté	Vous avez fini	Vous avez vendu
Ils ont chanté	Ils ont fini	Ils ont vendu
Elles ont chanté	Elles ont fini	Elles ont vendu

GRAMMAIRE

Exercise 1
Write out the full form of the following verbs in the *passé composé*:

donner   **bâtir**   **rendre**

Exercise 2
Write out the following in the passé composé:

Exemple : Je (danser) – J'ai dansé

1. Elle (chercher) ..*a cherché*

2. Je (parler) ..*ai parlé*

3. Je (finir) ..*ai fini*..

4. Il (vendre) ..*on vendu*

5. Je (travailler) ..*ai travaillé*

6. Tu (rencontrer) ..*as rencontré*

7. Vous (finir) ..*avez fini*

8. Nous (décider) ..*avons décidé*

9. Mon frère (prendre) ..*a pris*..

10. Ils (regarder) ..*ont regardé*

Exercise 3
Fill in the appropriate pronoun in each sentence below:

1. ......*Il*........ a choisi

2. ....*j'*....... ai parlé

3. ..*nous*...... avons décidé

4. ..*vous*....... avez trouvé

5. ......*tu*....... as rougi

6. ......*Ils*........ ont regardé

7. ....*j'*........ ai discuté

8. ......*elle*....... a bavardé

9. ....*nous*...... avons fini

10. ......*j'*....... ai donné

GRAMMAIRE The vast majority of verbs are regular and follow the rule you have just learnt. However, some commonly used verbs are irregular and have a special participe passé. It is really important that you learn these off by heart.

avoir	→	j'ai eu (I have had / I had)
boire	→	j'ai bu (I have drunk / I drank)
conduire	→	j'ai conduit (I have driven / I drove)
connaître	→	j'ai connu (I have known / I knew) (e.g. a person)
courir	→	j'ai couru (I have run / I ran)
croire	→	j'ai cru (I have believed / I believed)
devoir	→	j'ai dû (I have had to / I had to)
dire	→	j'ai dit (I have said / I said)
écrire	→	j'ai écrit (I have written / I wrote)
être	→	j'ai été (I have been / I was)
faire	→	j'ai fait (I have done (made) / I did (I made))
lire	→	j'ai lu (I have read / I read)
mettre	→	j'ai mis (I have put / I put)
ouvrir	→	j'ai ouvert (I have opened / I opened)
pouvoir	→	j'ai pu (I was able to / I could)
pleuvoir	→	il a plu (it has rained / it rained)
prendre	→	j'ai pris (I have taken / I took)
recevoir	→	j'ai reçu (I have received / I received)
rire	→	j'ai ri (I have laughed / I laughed)
savoir	→	j'ai su (I have known / I knew)
tenir	→	j'ai tenu (I have held, kept / I held, kept)
vivre	→	j'ai vécu (I have lived / I lived)
vouloir	→	j'ai voulu (I have wanted, wished / I wanted, wished)

Exercise 4

Write out the following in the *passé composé* (remember, they all have an irregular past participle!) and say what each means:

1. J' ...*ai*... ...*voulu*... (vouloir)

2. J' ...*ai*... ...*tenu*... (tenir)

3. Il ...*a*... ...*été*... (être)

4. Vous ...*avez*... ...*eu*... (avoir)

5. Elle ...*a*... ...*bu*... (boire)

6. Tu ...*as*... ...*pris*... (prendre)

7. Ils ...*ont*... ...*reçu*... (recevoir)

8. Nous ...*avons*... ...*écrit*... (écrire)

9. Elles ...*ont*... ...*lu*... (lire)

10. J' ...*ai*... ...*couru*... (courir)

7.4 Vocabulaire de l'art

la sculpture sur bois *woodwork*

le carton *cardboard*

le collage *collage*

la colle *glue*

la joaillerie *jewellery making*

le pinceau *brush*

la poterie *pottery*

l'artiste, le/la peintre *artist/painter*

le tour de potier *potter's wheel*

le tableau *picture*
la toile *canvas*

la palette *palette*

l'argile *clay*

la gouache *poster paint*

Trouvez la fin du mot

Join these words together and say what each one means in English.

ÉCRIVEZ

1. pein	**A.** elle	aquarelle	
2. aquar	**B.** erie	joaillerie	jewellery making
3. tab	**C.** ons	crayons	pencel
4. gou	**D.** ceau	pinceau	brush
5. cray	**E.** dre	peindre	painting
6. joaill	**F.** gile	argile	clay
7. co	**G.** ache	gouache	poster paint
8. pin	**H.** erie	poterie	pottery
9. pot	**I.** leau	tableau	picture
10. ar	**J.** lle	colle	glue

ÉCOUTEZ

7.5A L'art en Transition

Mia, Ronan and Ellie have done really interesting things in art class during their transition year. Listen to what they have done and fill in the grid below.

Name	Activities done in TY art class
Mia	
Ronan	
Ellie	She has decored the walls of her school.

Mémo

To make your 'sous–main', visit www.edco.ie/ty

ÉCRIVEZ

7.5B Et vous?

Écrivez 50 mots sur les activités que vous avez faites en cours de dessin pendant votre année de transition.

7.5C

- **Vincent Van Gogh** n'a vendu qu'un seul tableau pendant sa vie ! En revanche, ses toiles se vendent à des prix exorbitants aujourd'hui !

- En 1512, François 1er, Roi de France, a acheté **« la Joconde » de Leonardo de Vinci** pour mettre dans sa salle de bains !

- Au début de sa carrière, l'artiste **Picasso** a brûlé ses peintures pour se chauffer. Après sa mort, ses œuvres valaient 1 251 673 200 francs français (environ 190 816 349 €) *milliard*

- En 1961, à New York, la toile « le Bateau » de **Henri Matisse** a été suspendue à l'envers pendant quarante-sept jours avant que l'on ne découvre l'erreur !

7.6 Grammaire:
Passé composé (Part 2)

Je suis allé(e)
Je me suis amusé(e).

There are only two cases when ÊTRE is used to form the *passé composé* instead of AVOIR:
(1) Verbs of motion e.g. aller – je suis allé(e) = I have gone / I went
(2) Reflexive verbs [e.g. se réveiller – je me suis réveillé(e) = I woke up.

(1) Verbs of motion.
There are basically 12 verbs of motion, plus 3 verbs of returning.
Ten of the 12 verbs of motion can easily be remembered as pairs of opposites:

aller	*je suis allé(e) (I have gone / I went)*
venir	*je suis venu(e) (I have come / I came)*
entrer	*je suis entré(e) (I have entered / I entered)*
sortir	*je suis sorti(e) (I have gone out / I went out)*
monter	*je suis monté(e) (I have gone up / I went up)*
descendre	*je suis descendu(e) (I have gone down / I went down)*
naître	*je suis né(e) (I was born)*
mourir	*il est mort / elle est morte (he/she died)*
rester	*je suis resté(e) (I have stayed / I stayed)*
partir	*je suis parti(e) (I have left / I left)*

A further two aren't opposites:

arriver	*je suis arrivé(e) (I have arrived / I arrived)*
tomber	*je suis tombé(e) (I have fallen / I fell)*

GRAMMAIRE

Then there are 3 verbs for "to return"

rentrer → *je suis rentré(e) (I have come home / I came home)(or gone back in)*
retourner → *je suis retourné(e) (I have gone back / I went back)*
revenir* → *je suis revenu(e) (I have come back / I came back)*

* the verbs *revenir* (to come back) and *devenir* (to become) are both derived from *venir* and both take *être* in the *passé composé*.

Here's how the verbs go:
Exemple :
Je suis allé(e)	*I went*
Tu es allé(e)	*You went*
Il est allé	*He went*
Elle est allée	*She went*
On est allé(es)	*We/they went*
Nous sommes allé(e)s	*We went*
Vous êtes allé(e)s	*You went*
Ils sont allés	*They went*
Elles sont allées	*They went*

(2) Reflexive verbs

Reflexive verbs are simply verbs which take an extra pronoun, a reflexive pronoun (me, te, se, nous, vous, se). This is why they are called **verbes pronominaux** in French. Most of them are **-er** verbs and they are formed just like other **-er** verbs except that they always have an extra pronoun and they all use *être* in the *passé composé*.

The reflexive pronoun often has the meaning of oneself (myself, yourself etc.)
In the *passé composé* the reflexive pronoun is placed just before the auxiliary:

Exemple : J'ai lavé la voiture = I (have) washed the car
but

Je me suis lavé(e)

I (have) washed myself

(3) Agreement of the past participle

The past participle of verbs which take *être* in the *passé composé* must show agreement just like an adjective, adding   **-e** for feminine singular
-s for masculine plural
-es for feminine plural.

Exemple :

Je me suis amusé(e)	*I enjoyed myself*
Tu t'es amusé(e)	*You enjoyed yourself*
Il s'est amusé	*He enjoyed himself*
Elle s'est amusée	*She enjoyed herself*
On s'est amusé(es)	*We/they enjoyed ourselves / themselves*
Nous nous sommes amusé(e)s	*We enjoyed ourselves*
Vous vous êtes amusé(e)s	*You enjoyed yourself / yourselves*
Ils se sont amusés	*They enjoyed themselves*
Elles se sont amusées	*They (feminine) enjoyed themselves*

Note : When a reflexive verb is followed by a direct object, there is no agreement of the past participle:
Elle s'est bless**ée** ('*She injured herself*' – '*herself*' shows agreement)
Elle s'est blessé le genou ('*She injured her knee*' – '*knee*' shows no agreement)

Exercice : Mettez les verbes suivants au *passé composé* :

1. Je (aller) ....

2. Je (naître) ....

3. Nous (sortir) ....

4. Elle (partir) ....

5. Marie (se laver) ....

6. Ils (venir) ....

7. Elles (tomber) ....

8. Marie (arriver) ....

9. Ils (se blesser) ....

10. Je (s'amuser) ....

7.7 Et vous ?

1. Avez-vous l'intention d'étudier l'art comme matière pour le Leaving *Cert ?J'ai l'intention d'…. /Je n'ai pas l'intention d'* …
2. Quel genre d'art préférez-vous ? *Je préfère* …
3. Qui est votre artiste préféré(e) ? *Mon artiste préféré(e) est* …
4. Quelles sont vos couleurs préférées ? *Mes couleurs préférées sont* …
5. Vous aimez les bandes dessinées ? *J'aime* … / *Je n'aime pas* …
6. Citez l'exemple d'un film d'animation que vous avez vu. *C'est* …

7.8 L'impressionnisme

Ronan a préparé un document sur les Impressionnistes. Lisez ce résumé des artistes vous-même.

1. À Paris au 19ème siècle, une grande exposition est organisée pour que les peintres puissent montrer et vendre leurs tableaux. En 1873, un groupe de jeunes peintres se voient refuser l'accès au salon car ils utilisent de nouvelles techniques, s'intéressent à d'autres sujets et ils travaillent en plein air. Ils s'intéressent à la vie de tous les jours (everyday life). Ils étaient différents et en voici quelques-uns parmi ce groupe !

2. Claude Monet (1840–1926)

L'art de Monet est le symbole même de l'impressionnisme. Essentiellement un peintre de la nature, il est le peintre par excellence de l'eau et de ses reflets (reflections). Le mot « impressionnisme » vient de son tableau, *Impression, Soleil Levant*.

3. Auguste-Renoir (1841–1919)

C'est le seul impressionniste important issu de la classe ouvrière. Sensible à la dureté de la vie moderne, il aime représenter les plaisirs des gens simples en plein air. Il adore les scènes parisiennes. C'est un peintre d'optimisme.

4. Paul Cézanne (1839–1906)

Fils d'un banquier et grand ami de l'écrivain Emile Zola, Cézanne a eu des débuts difficiles. Il a peint pendant 30 ans sans beaucoup de succès. Ses premières peintures étaient sombres (gloomy) mais en 1872, il a rencontré le peintre Pissarro qui l'a convaincu de peindre comme les Impressionnistes et son style est devenu plus léger.

5. Edouard Manet (1832–83)

Homme sensible, élégant et raffiné, Manet cherche le succès parmi le public mais il ne réussit pas, il le choque. Inspiré par les peintres espagnols, ses peintures provoquaient de violentes critiques, même des scandales. Quand le succès est arrivé en 1880, Manet était gravement malade, et il est mort quelques années plus tard.

6. Edgar Degas (1834–1917)

Né dans une famille cultivée et riche, Degas manque de confiance. Très connu comme le peintre des danseuses, il s'intéresse aussi aux scènes de la vie à Paris. À cause des problèmes avec ses yeux, il a modelé les danseuses dans la cire (wax). Plus tard, il devient aveugle (blind), et se tourne alors vers la sculpture.

7. Vincent van Gogh (1853–90)

Né en Hollande, il veut devenir pasteur comme son père et grand-père. Plein d'amour et de pitié pour l'humanité, Vincent était doux, humble et bon. Il souffrait de dépression, de solitude et avait peu d'amis. Il se tourne vers le dessin et la peinture comme un moyen d'expression. Attiré par la lumière (light) il aimait le sud de la France. En 1888, il tente de tuer son ami, l'artiste Paul Gauguin. Pour lui montrer qu'il s'était repenti, il se coupe l'oreille. Pauvre et ignoré pendant sa vie, il est probablement aujourd'hui le plus célèbre peintre de l'histoire de l'art.

A. Citez le nom de l'artiste qui ...

1. ... était malheureux et torturé et difficile à vivre.

_____

2. ... avait des problèmes visuels.

_____

3. ... n'était pas issu d'une famille aisée.

_____

4. ... était peintre et sculpteur renommé. Il a eu une grande influence sur Paul Cézanne.

_____

5. ... avait un père qui travaillait dans une banque.

_____

6. Quelle était la profession du père de Vincent van Gogh ?

_____

7. Qui était considéré le père de l'impressionnisme ? Pourquoi ?

_____

8. Paul Cézanne est né en quelle année ? (en mots)

_____

9. In what way were the Impressionist artists different? (Two points)

_____

B. Imaginez que vous vivez en 1863. Vous allez à une exposition pour voir le peintre Edouard Manet. Vous entendez une femme choquée qui dit : « Je suis choquée, scandalisée. Une femme qui pique-nique complètement nue. Entre deux hommes presque indifférents au spectacle. C'est vulgaire ! »

Qu'est-ce que vous notez dans votre **journal intime**, une fois rentré(e) à la maison ?

Mémo

journal intime help on page 199

ÉCOUTEZ   PARLEZ

7.9 Ben fait son épreuve orale

Ben fait une épreuve orale avec son prof de français. Comme elle sait qu'il est très doué pour l'art et le dessin, elle lui pose des questions sur les activités artistiques qu'il fait.

Ben, vous aimez l'art, n'est-ce pas ?
Je suis passionné par l'art et le dessin et j'ai l'intention d'étudier l'art comme matière pour mon Leaving Cert.

Je vous souhaite bon courage avec tous vos projets.
Merci beaucoup, Madame.

Vous l'avez étudié pour votre Brevet ?
Oui, et j'étais ravi d'obtenir un A à mon examen. Cette année, je fais des choses super-intéressantes en classe.

Avez-vous jamais travaillé comme artiste ?
L'été dernier, j'ai fait les caricatures de ma famille et de mes amis. La caricature décrit la personnalité, si la personne est nerveuse, il faut le montrer. L'important, c'est le regard.

Quel genre d'art préférez-vous ?
C'est facile à répondre. C'est la BD – la bande dessinée. C'est incroyable parce que la BD donne l'impression de mouvement et de son.

Quel est votre bande dessinée préférée ?
Quand j'étais petit, j'adorais *Tintin*. Comme moi, il est toujours accompagné par son chien. Il s'appelle *Milou* en français et *Snowy* en anglais. Cette BD a été créée par Hergé, un Belge qui s'inspirait de son expérience chez les scouts.

Avez-vous l'intention de gagner votre vie comme artiste ?
Oui, je voudrais poursuivre des études artistiques. Il faut apprendre les différentes disciplines comme la peinture, la connaissance de l'art et l'informatique. Il faut une motivation. Sur des centaines de dossiers reçus chaque année pour l'école d'art plastique, seulement les meilleurs étudiants sont choisis.

Et votre inspiration, c'est quoi ?
Le festival international de la bande dessinée d'Angoulême. Il a lieu chaque année en janvier. Angoulême abrite un musée de la bande dessinée. Il y a un tas d'expositions de toutes sortes, des bandes dessinées qui rassemblent des amateurs et des professionnels.

Aimez-vous des films d'animation ?
J'adore les films des studios Disney. Les dessinateurs français sont reconnus et aujourd'hui, la France est en première position sur le marché européen du cinéma d'animation et en troisième position mondiale.

Passionné(e) par le sport !

- French interest in sport
- Vocabulary on sport and a crossword
- Lance Armstrong interview
- Sporting World Records
- Strange but true sporting facts
- Amazing Olympic achievements
- Major sporting events
- Giving your opinion about world records
- Journal intime – racism in sport
- Sporting news

Oral work

LISEZ

Fionn does his oral and talks about mountain biking and the Tour de France
Abbie, Robert, Holly and Mark talk about their sporting activities in TY

Website

WEB

www.eurosport.fr
www.jeunesse-sports.gouv.fr
www.letour.fr

GRAMMAIRE

Grammaire

L'imparfait.

8.1 Les Français deviennent plus sportifs

Le sport est le loisir préféré des Français et 80% d'entre eux affirment entretenir leur forme physique. Sa popularité a beaucoup <u>augmenté</u> en dix ans. *L'Équipe*, un journal <u>consacré</u> entièrement au sport, est le premier <u>quotidien</u> français et les vêtements portés par les jeunes sont influencés par les sports. La victoire des Bleus en Coupe du Monde en 1998 est fêtée comme un événement national spectaculaire. En revanche, leur <u>défaite</u> en Coupe du Monde en 2002 est présentée par les médias comme une tragédie nationale.

Pourquoi faire du sport ?
Ce n'est pas le sens de la compétition qui <u>pousse</u> les Français à faire du sport. On le fait pour rester en forme et pour préserver son équilibre mental et pour <u>mieux</u> résister au stress de tous les jours et pour rester jeune et beau plus longtemps. Surtout, c'est un passe-temps pour eux – un <u>moyen de se distraire</u>.

Sports d'équipe ou sports individuels
Les garçons semblent préférer les sports d'équipe comme le foot et le rugby. Les filles préfèrent les sports individuels comme les <u>randonnées</u>, la gymnastique et la natation. Un Français sur quinze est membre d'un club et le foot est sans doute le sport collectif le plus populaire et le symbole d'un pays multiculturel. Ensuite vient le tennis et les arts martiaux comme la boxe et le judo.

Les nouvelles pratiques sportives
Le goût de la <u>vitesse</u> est à la mode avec les sports comme le motocyclisme, et l'auto-défense en milieu urbain est devenue populaire avec des sports comme le tae kwando, le karaté, et le judo. Un Français sur deux pratique un sport en vacances, donc on recherche des activités extrêmes comme le parapente, le saut à l'élastique, l'escalade, le <u>VTT</u> et les sports nautiques comme le surf, le ski nautique et le rafting ; même si le golf et l'équitation sont de sports assez <u>coûteux</u>, ils sont populaires.

Le sport-spectacle
La France est le pays du sport-spectacle avec le Tour de France, le Grand Prix de Monaco et le rallye automobile Paris-Dakar. On regarde les grands événements sportifs devant les écrans géants dans la rue.

Lexique		mieux	better
augmenté	*increased*	un moyen	*a means of*
consacré	*devoted*	de se distraire	*distraction*
quotidien	*daily paper*	randonnées (f)	*hikes*
défaite	*defeat*	vitesse (f)	*speed*
pousse	*pushes*	le VTT (vélo tout terrain)	*mountain bike*
		coûteux	*expensive*

A. Corrigez les phrases suivantes

ÉCRIVEZ

Utilisez le texte précédent pour vous aider (si possible sans copier directement du texte).

1. Les Français ne s'intéressent pas au sport. *Les Français s'intéressent au sport.*
2. La popularité du sport a diminué dans les dernières années. *La popularité du sport a augmenté...*
3. L'Équipe est le nom d'un magazine consacré à la musique. *L'Équipe est le nom d'un magazine consacré à la sport.*
4. Les jeunes font du sport seulement pour gagner. *pour rester en forme et préserver distraire.*
5. Les garçons préfèrent le sport individuel. *préfèrent les sports collectifs.*
6. Le tennis est un symbole de la France multiculturelle. *Le foot*
7. Le judo est un exemple de sport de vitesse. *auto-défensieux*
8. Soixante-quinze pour cent des Français font du sport en vacances. *1 français sur 2*
9. On n'aime pas regarder le sport à la télé en France. *On regarde les grands ... rue.*
10. Quand il y a un grand événement sportif en France, on le regarde seulement à la télé.
 dans la rue aussi

B. Les noms de sports

ÉCRIVEZ

Vous avez sans doute noté que les noms de sports en français sont semblables à leurs équivalents en anglais. Lisez l'article *Les Français deviennent plus sportifs* encore une fois et faites la liste des sports avec leurs équivalents en anglais comme l'exemple ci-dessous. Utilisez votre dico si nécessaire.

Exemple : la natation = *swimming*

C. Vocabulaire sportif

ÉCRIVEZ

Learn this useful vocabulary and test yourself on the mot croisé on www.edco.ie/ty.

l'athlétisme
le canoë kayak
le cyclisme / le vélo
le hockey
le patin à glace (*ice skating*)
le ping-pong
la plongée sous-marine (*deep sea diving*)
le skate
le snooker
le surf
la voile (*sailing*)

le basket
la course automobile
le foot gaélique
le hurling
la pêche (*fishing*)
la planche à voile (*sailboarding*)
le roller
le ski
le snowboard
le tennis

8.2A Le sport en année de transition

Écoutez ce qu'Abbie, Robert, Holly et Mark ont fait durant leur année de transition.

	Details about interest in sport. Name any personal ambitions mentioned.	Sporting activities during TY
Abbie	- to lose weight	wakeboarding
Robert	He's referee, stay fit	Socer
Holly	swimming, she wants be a liveguard	→
Mark	He loves extreme sport	

8.2B Et vous ?

1. Êtes-vous sportif / sportive ? *Je suis / Je ne suis pas ...*
2. Quel sport aimez-vous ? *J'aime ...*
3. Pourquoi faites-vous du sport ? *Pour rencontrer des amis / pour garder la ligne ...*
4. Êtes-vous membre d'un club de sport ? *Je suis ... / Je ne suis pas...*
5. Êtes-vous membre d'une équipe ?   *Je suis ... / Je ne suis pas ...*

GRAMMAIRE

8.3 Avez-vous noté ?

*Je n'**étais** pas du tout sportive.*
*J'**adorais** le roller.*
*C'**était** formidable.*

You have heard all of these expressions on the CD. This tense is called the **imparfait** and you use it when you talk about what you were doing or what you used to do in the past. How would you express it in English?

GRAMMAIRE

1. Before learning how to form l'imparfait, remind yourself of the uses of the past tenses you already know.

Tense	Le passé composé	Le passé proche	L'imparfait
Example	J'ai joué au foot.	Je viens de jouer au foot.	Je jouais au foot.
English equivalent	I played football. I have played football.	I have just played football.	I was playing football.
When to use it	A completed action in the past, that has happened at a particular time and is now over.	An action that has just taken place (in the immediate past).	An ongoing, continuous or habitual action in the past.
How to form it	(a) Present tense of avoir or être + (b) past participle of the verb	(a) Present tense of venir + (b) de + (c) infinitive of the verb	(a) 'nous' part of the present tense (b) remove '-ons' ending (c) add imparfait endings (see below)

2. As you can see from the box above, there are three steps in forming l'imparfait:

(a) go to the 'nous' form of the present tense
(b) delete the '- ons' ending
(c) add one of the six imparfait endings

Mémo
See pages 86 – 90 for a more detailed description of how to form the passé compose.

Présent	+ Endings	Imparfait
jouer : nous jouons	+ ais ⇒	je jouais (I was playing/used to play).
pâlir : nous pâlissons	+ ais ⇒	je pâlissais (I was going pale/used to go pale).
vendre : nous vendons	+ ais ⇒	je vendais (I was selling/used to sell).

3. Here are the three regular families of verbs set out in full. All you have to do is remember the simple rule and the six endings.

je ...	-ais
tu ...	-ais
il/elle/on ...	-ait
nous ...	-ions
vous ...	-iez
ils/elles ...	-aient

Jouer	Pâlir	Vendre
je jou*ais*	je pâliss*ais*	je vend*ais*
tu jou*ais*	tu pâliss*ais*	tu vend*ais*
il/elle on jou*ait*	il/elle/on pâliss*ait*	il/elle/on vend*ait*
nous jou*ions*	nous pâliss*ions*	nous vend*ions*
vous jou*iez*	vous pâliss*iez*	vous vend*iez*
ils/elles jou*aient*	ils/elles pâliss*aient*	ils/elles vend*aient*

4. Common irregular verbs:

Irregular verbs form of *l'imparfait*: start from the '*nous*' form of the present tense and add the six endings. But it is an advantage to learn these ones off by heart:

aller	j'allais	(*I was going / I used to go / I went*)
avoir	j'avais	(*I was having / I used to have / I had*)
boire	je buvais	(*I was drinking / I used to drink / I drank*)
conduire	je conduisais	(*I was driving / I used to drive / I drove*)
connaître	je connaissais	(*I used to know / I knew*)
être	j'étais	(*I was being / I used to be / I was*)
devoir	je devais	(*I was having to / I used to have to / I had to*)
faire	je faisais	(*I was doing / I used to do / I did*)
lire	je lisais	(*I was reading / I used to read / I read*)
pouvoir	je pouvais	(*I was able to / I used to be able to / I could*)
savoir	je savais	(*I used to know / I knew*)
venir	je venais	(*I was coming / I used to come / I came*)
voir	je voyais	(*I was seeing / I used to see / I saw*)

A. Exercise 1

Fill in the blanks using the imparfait:

ÉCRIVEZ

1. Je (jouer) _____jouais_____ au foot à l'école.
2. Je (faire) _faisais_ du skate en arrivant à la maison.
3. Je (passer) _____passais_____ près du stade.
4. J' (aller) _____allais_____ au match tous les samedis.
5. Il (lire) _____lisait_____ L'Équipe.
6. Il (travailler) _____travaillait___ comme coach de tennis.
7. Elle (venir) _____venait_____ à la piscine.
8. Nous (savoir) _____savions_____ faire du toboggan.
9. Il (être) _____était_____ champion de rugby.
10. Il (faire) _____faisait_____ du vent, super pour le surf.

B. Exercise 2

ÉCRIVEZ

Now imagine that Robert is in 5th year in school and is describing the Transition Year activities that he did last year. In other words, copy out the following text into your copy, changing each of the underlined verbs into the imparfait or the passé composé as necessary. Underline your new verbs.

Je <u>suis</u> membre d'une équipe de foot dans mon école. Je <u>suis</u> avant-centre et je <u>m'entraîne</u> trois fois par semaine. Mon équipe <u>gagne</u> la finale de la coupe chaque année, et à chaque fois, je <u>marque</u> un but dans la finale. Je <u>fais</u> un stage en arbitrage durant les vacances d'été. J'<u>aime</u> contrôler le jeu. Je <u>suis</u> arbitre de Ligue et je <u>gagne</u> de l'argent de poche en arbitrant les matchs des joueurs qui <u>sont</u> plus jeunes que moi. Je <u>travaille</u> avec mon ami Jake. Le plus dur <u>est</u> d'imposer des décisions prises en un quart de seconde et <u>c'est</u> parfois un peu délicat. C'<u>est</u> un bon moyen de gagner de l'argent et de me tenir en forme en même temps.

C. Exercise 3

Jonathan is a 5th year student in Wesley College. Fill in the gaps in this letter to his penpal.

> fais   ai passé   année   ai pris   donnent
> permettent   préférés   avons commencé   était   snooker

Dublin, le 12 décembre

Cher Marc,

J'.*ai passé*.... une année extraordinaire en ...*année*.... de transition. C' ...*était*...... génial ! J'ai participé dans de nombreux sports. Le rugby, le VTT , le ping-pong , le ...*snooker*... et la natation. Comme j'adore la photographie aussi, j'...*ai pris*.. beaucoup de photos sportives. Voici cette photo bizarre des converses que j'ai prise l'autre jour.

En plus, nous .*avons commencé*. un club de jeux vidéo sportifs à l'école. Grâce aux progrès techniques, les jeux nous .*donnent*... les sensations du sport. Ils nous ...*permettent*... de nous mettre dans la peau de nos athlètes *préférés*.... sur les stades dans les circuits mythiques et de devenir des héros !

Et toi ? Tu ...*fais*........ du sport en ce moment ? J'attends tes nouvelles avec impatience.

Amicalement,
Jonathan

8.4 Fionn fait son épreuve orale

Pendant son année de transition, Fionn fait une épreuve orale avec son prof de français. Comme son prof sait qu'il adore le vélo, il lui en parle.

Vous aimez le vélo, n'est-ce pas Fionn ?
Ma passion, c'est le vélo en général et le VTT particulièrement. Je fais du vélo tous les jours. Je vais à l'école à vélo, mais le weekend, je fais de longues randonnées de plusieurs heures avec mon club de VTT.

Participez-vous à des compétitions ?
Absolument. Il y a trois spécialités. Le cross-country, la descente et le trial. Le trial, c'est ma spécialité. C'est un peu comme le VTT acrobatique avec des figures, des sauts et des parcours d'obstacles.

Vous avez un très bon vélo ?
C'était un cadeau de Noël de mes parents. Il a vingt-et-une vitesses. Il est léger et solide. Dans ma famille, tout le monde s'intéresse au vélo, surtout mon père. Sa spécialité est le vélo de course.

Vous faites d'autres sports ?
Oui. Je dois développer mon endurance et mon physique. Je fais du jogging et de la musculation.

Qui est votre héro dans le domaine du sport ?
Sans aucun doute, c'est Eric Barone, le cascadeur français. Il se spécialise dans le VTT extrême. Il fait du VTT sur glace et sur neige. Il est fou de vitesse. Il a les records du monde de VTT sur glace (210 km/h) et sur neige (217,381 km/h). J'admire l'Américain Lance Armstrong aussi. Il a gagné le Tour de France sept fois.

Il a souffert d'un cancer, n'est-ce pas ?
Oui, en 1996, il s'est battu contre un cancer des testicules et des tumeurs au cerveau. Les médecins n'étaient pas optimistes sur ses chances de survie. Mais Lance est remonté sur selle et a gagné le Tour sept fois de suite.

Très intéressant Fionn. Je vous remercie.

Il y a eu des problèmes avec le dopage, n'est-ce pas ?
Oui. 1998 a même été baptisé « le tour empoisonné » car juste avant le départ, de nombreuses équipes ont été prises en possession de produits dopants. Cette année, le Tour a continué mais la motivation n'était pas la même. Maintenant les coureurs sont soumis à des contrôles et les tricheurs sont exclus de la compétition. Lance Armstrong a démenti (denied) avoir jamais pris de drogues mais beaucoup d'autres coureurs ont été accusés d'en avoir pris. Sans aucun doute, ce phénomène a touché le Tour de France et a fait baisser sa popularité.

Bonne idée, qu'est-ce que vous avez découvert ?
Le tour dure trois semaines et a lieu tous les ans au mois de juillet. Les meilleurs cyclistes du monde entier participent au Tour. Il couvre une distance d'environ quatre mille kilomètres. Chaque jour, le leader du Tour porte un maillot jaune (yellow jersey), le cycliste avec le plus de points porte le maillot vert et le meilleur cycliste dans les montagnes porte le maillot à pois (red spots). L'arrivée du Tour, c'est toujours sur l'Avenue des Champs-Elysées, à Paris.

Vous regardez le Tour de France à la télé ?
Certainement. C'est la compétition cycliste la plus importante du monde et comme j'ai du temps libre, j'ai décidé de faire un document sur le Tour et de le présenter à mon épreuve du Leaving Cert.

8.4B Et vous ?

En groupe ou à deux, posez-vous des questions sur le sport et le vélo.

1. Avez-vous un vélo ? *J'ai / Je n'ai pas de …*
2. Êtes-vous membre d'un club de cyclisme ? *Je suis / Je ne suis pas …*
3. Participez-vous à des compétitions sportives? *Je participe / Je ne participe pas à / aux …*
4. Qui est votre héros dans le domaine du sport ? *C'est … parce que …*
5. Vous regardez le Tour de France à la télé ? *Oui je … / Non, je ne …*
6. Le sport est-il pourri par le dopage ? *Moi je crois que …*

PARLEZ

8.4C Document sur le sport

Mémo
For more information on a document see p 195.

Comme Fionn, faites un document sur le sport que vous pourriez présenter pendant votre épreuve du Leaving Cert. Vous pourriez parler de votre sportif ou sportive préféré(e), votre équipe préférée ou peut-être vous pourriez faire de la recherche sur un événement sportif français comme Roland-Garros, le Paris-Dakar, le tournoi des six Nations ou les 24 heures du Mans. À vous de choisir !

8.5 Interview avec Lance Armstrong

ÉCOUTEZ

Fionn spoke about the cyclist Lance Armstrong and how he overcame his illness and succeeded in winning the Tour de France a total of seven times. Listen to this interview with him and answer these questions.

1. When did Lance Armstrong first win the Tour? _____

2. What chances of recovery did the doctors give him? _____

3. What inspired Lance as he was growing up? _____

4. Who was his idol? _____

5. Did he always want to be a cyclist? _____

6. What does he consider to be his greatest achievement? _____

7. How does he say that he gets his motivation at the start of each season? _____

8.6 Quelques records du monde dans le sport

Lance Armstrong holds two world records (the most Tour de France wins and average Tour speed). Read these other interesting articles about world records and answer the questions.

Le golf

L'Anglaise Rhiannon Linacre a réalisé un hole-in-one à Coxmoor Golf Club à Sutton-in-Ashfield le 18 juin 2006. Elle avait 9 ans !

Le surf

À Lahinch, dans l'ouest de l'Irlande, 44 surfeurs ont surfé sur la même vague. Un record extraordinaire !

Le kitesurf

L'Anglaise Andreya Wharry a réussi à parcourir 115,4 miles nautiques entre les Cornouailles en Grande-Bretagne et Dungarvan en Irlande. C'est le record féminin dans ce sport.

Le foot

Tércio Mariano de Rezende qui vient du Brésil joue régulièrement pour le Goiandira Esporte Clube de Goiandira au Brésil. Il a 87 ans !

L'escalade

Alain Robert (le fameux *Spiderman*) a grimpé 70 tours, monuments et gratte-ciels. Il n'utilise ni corde ni câble mais les mains nues. Mais il a eu des problèmes. Cette pratique est illégale et il a été arrêté plusieurs fois.

1. What was exceptional about Rhiannon's hole-in-one?

_____

_____

2. What nationality is Rhiannon?

_____

_____

3. (a) Explain exactly what Alain Robert has achieved.

_____

_____

(b) What has made his achievement all the more amazing?

_____

_____

(c) What difficulties has he got into?

_____

_____

4. Explain what record was broken in Lahinch.

_____

_____

5. To what does the figure 115,4 refer?

_____

_____

8.7 Incroyable mais vrai !

Listen to these incredible stories and answer the following questions:

George Best's jersey

1. (a) Where was George Best's jersey auctioned today?

_____

(b) How much was it sold for?

_____

(c) What was so special about this particular jersey?

_____

(d) How did the seller gain possession of the jersey in 1996?

_____

Luxury lessons

2. (a) Who is giving these luxury skiing lessons?

_____

_____

(b) What is the cost?

_____

_____

Paris: Capital of beach-volleyball

3. (a) How much sand is mentioned here?

350 tons

3 500 tons

35 000 tons

(b) How many players have come to play beach volley ball?

_____

_____

8.8 Des histoires extraordinaires aux Jeux Olympiques !

Les Jeux Olympiques fascinent le monde entier tous les quatre ans. C'était un Français, **Pierre de Coubertin,** qui a fait naître les Jeux Olympiques modernes parce qu'il était persuadé que l'éducation physique était indispensable à l'équilibre de sa personnalité et il voulait rendre le sport accessible à tous. Lisez ces articles superintéressants et répondez aux questions.

Des victoires inattendues

A. Bob Beamon et le saut d'un ange !

Bob Beamon est arrivé aux Jeux Olympiques de Mexico déprimé. Sa femme lui avait annoncé leur séparation et l'université d'El Paso lui apprenait qu'il risquait de perdre sa bourse. La veille de la finale, il a trop bu pour oublier ses soucis. Pas exactement l'entraînement idéal ! Alors qu'il se préparait pour son premier saut, la foule se taisait. Bob ne saute pas, il vole ! Il a atteint 8,90 mètres ! Dès son premier essai, le concours était terminé, Bob était choqué mais ravi ! Sa réussite était le nouveau record du monde détenu pendant plus de vingt ans.

B. Abebe Bikila et ses pieds nus !

Aux Jeux Olympiques à Rome en 1960 à la ligne d'arrivée du marathon, il y a eu un choc. L'Éthiopien Abebe Bikila courait pieds nus et franchissait la ligne d'arrivée en champion. Ce fils de paysan s'entraînait en secret depuis 2 ans. Sa carrière ne s'est pas arrêtée là et quatre ans plus tard, il a gagné la médaille d'or aux Jeux Olympiques de Tokyo... avec des chaussures cette fois !

C. La revanche de Maria Mutola

Maria est née dans les quartiers pauvres de Maputo au Mozambique. Elle était passionnée par le foot et elle jouait avec des garçons. Ses performances ont attiré l'attention de l'entraîneur de l'équipe locale et Maria a été sélectionnée. Quand l'équipe a remporté la finale, il y avait des objections parce qu'elle était une femme. Donc elle ne pouvait pas continuer comme footballeuse. Ainsi elle a commencé à courir et au stade olympique de Sydney en 2000, Maria a gagné la première médaille d'or de l'histoire du Mozambique pour le 800 mètres !

D. Greg Louganis a presque perdu la tête !

Greg Louganis s'est avancé sur le plongeoir de la piscine olympique de Séoul. Il était la star de cette discipline. Mais quand il a plongé, il y a eu un choc et un bruit sourd. Son crâne avait heurté la planche. Le champion était très inquiet. Bien sûr il était blessé mais étant séropositif, son sang contaminé pouvait être dangereux pour ses adversaires. Les autorités ont pris des précautions et le lendemain Greg a plongé encore une fois et a gagné la médaille d'or.

Ils défendent la liberté !

E. Jesse Owens et Hitler

Aux Jeux Olympiques de Berlin, les stades étaient neufs et Adolf Hitler s'attendait à de bonnes performances de ses athlètes. Lutz Long excelle au saut en longueur. Un athlète américain et noir Jesse Owens imprime sa marque dès le début de l'épreuve avec un saut de 7,87 mètres. Lutz égale sa performance et il y a eu une explosion de joie dans le stade. Jesse a félicité son adversaire mais après, il a décroché une médaille d'or avec un dernier saut à 8,06 mètres. Nouveau record du monde. Hitler, fou de rage, a quitté le stade immédiatement afin de ne pas devoir lui serrer la main. Jesse a dominé ces Jeux Olympiques en remportant quatre médailles d'or !

F. Tommie Smith et John Carlos. Black Power

Aux Jeux Olympiques de Mexico en 1968, Tommie Smith, 23 ans et étudiant en sociologie, a pulvérisé le record du monde de la distance. Son compatriote John Carlos a gagné la troisième place. Profondément marqué par les conditions de vie des Noirs aux États-Unis, ils décident de passer un message. Vêtus en noir et gantés, ils ont montré une image militaire agressive. Le lendemain, les deux athlètes étaient exclus à vie par le Comité olympique. Mais leur action était importante dans la lutte pour l'égalité.

Des perdants exemplaires

G. Huitième place pour Marla !

Marla Runyan est arrivée en huitième place aux JO de Sydney en l'an 2000. Même si elle n'a pas gagné, elle a réalisé le plus grand exploit de cette course. Elle a vaincu son handicap. Elle était aveugle depuis l'âge de neuf ans. Son rêve était de courir avec des athlètes valides et elle a réussi. Ses yeux bleus brillaient avec fierté.

H. Dorando Piétri. Il allait mourir !

En 1908, aux Jeux Olympiques de Londres, le coureur italien Dorando Pietri était en tête de la course du marathon. Quand il est entré dans le stade, ses adversaires n'étaient pas en vue. Il est tombé, épuisé de fatigue. Mais il s'est relevé et la foule a hurlé son nom. En tout, il est tombé cinq fois. Des officiels craignaient pour sa vie et l'ont soutenu jusqu'à la ligne d'arrivée. Malheureusement, il a été disqualifié car aucune aide n'était autorisée. Le lendemain, la reine d'Angleterre lui a offert une coupe en or pour le consoler.

A.

1. Name the athlete referred to in each of the following:

(a) The athlete who was blind. _Mara Runyan_

(b) The contestant who made Hitler angry. _Jesse Owens_

(c) The athlete who was disqualified from his race. _Darando Pietri_

(d) The athlete who had an accident while competing. _Greg Louganis_

(e) The athlete who changed from being a footballer to a runner. _Maria Mutola_

2. Why was Bob Beamon feeling depressed when he arrived at the Olympic stadium? (Section A)

His wife had just announced their separation

3. What was remarkable about Abebe's marathon? (Section B)

_He_

4. Why was Greg Louganis's accident potentially dangerous for other contestants? (Section D)

5. Explain why Tommie Smith and John Carlos have been banned from future Olympics. (Section F)

6. Explain why the officials intervened while Dorando Pietri was running the marathon. (Section H)

PARLEZ

B. Les grands événements sportifs

Êtes-vous pour ou contre les Jeux Olympiques, la Coupe du Monde et les autres grands événements sportifs ? Groupez les idées ci-dessous en catégories Pour ou Contre et donnez votre propre opinion.

- J'adore regarder le sport à la télé.
- Il y a trop d'argent consacré aux jeux.
- On ne peut pas gagner et rester amateur.
- C'est une occasion de découvrir les autres cultures.
- Trop de sportifs prennent des stimulants.
- Il y a trop de politique dans le sport.
- Le sport encourage les jeunes à accepter les différences et les particularités de chacun.
- Les évènements encouragent les jeunes à faire du sport.
- Le sport est devenu trop commercial.

ÉCRIVEZ

C. La fin des records ?

Selon les scientifiques français, la moitié des records du monde ne pourraient pas être battus par les sportifs. C'est physiquement impossible pour le corps humain, malgré la devise olympique « plus vite, plus haut, plus fort ». **Qu'en pensez-vous ?**

ÉCRIVEZ

D. Journal intime

Vous regardez un match de football entre l'Angleterre et l'Espagne. A chaque fois qu'un joueur de couleur entre sur le terrain, les supporters espagnols l'insultent et poussent des cris de singe. Qu'est-ce que vous notez dans votre **journal intime** ?

Mémo

Quelle honte !	*How shameful!*
Ça me choque !	*It shocks me!*
Il n'y a pas d'excuses pour la violence physique ou verbale.	*There's never any excuse for physical or verbal violence*
C'est inadmissible.	*It's inexcusable.*

There is more help with opinion and journal intime writing on page 199.

ÉCOUTEZ

8.9 L'actu sportive

Listen to these sports news items and answer the questions below:

Football

1. Why are things tough at the moment for OM?

   There lost to a very small club 1-0.

Tennis

2. What nationality is Rafael Nadal?

   Spanish

3. What age is he?

   _24_

Surfing

4. Who is the bass player with the group Metallica, Robert Trujillo, on holidays with?

   surfing with his wife and 2 kids

5. What is his comment about surfing?

   good way to recharge your batteries

Golf

6. What is Padraig Harrington's great achievement?

   The first to retain his title.

7. In what way was another player's misfortune good for him?

   Tiger woods

Future champs – women!

8. In what year, according to this research, will women be world champions?

   _2156_

9. When did these researchers start examining records?

   _1928_

10. Explain the basis for their theories.

    Women are faster

Mangeons bio !

- French eating habits
- Statistics on eating habits in France
- Healthy eating – advice from a top chef
- Describing your favourite meal
- Crazy food news
- Monsieur Mangetout
- Cows that produce naturally light milk
- Green anti-allergy tea
- Recipe for a milkshake
- Reading a wine label
- Cheese and wine from different regions
- Cookery terms
- Who eats which foods in the world

Website
WEB
www.mangerbouger.com
www.mcdonalds.fr

Oral work
PARLEZ
- Fast food, obesity, McDonalds, organic food.
- Doing a project on French bread and wine.
- Food-related Transition Year experiences.

Littérature
LISEZ

Le journal de Bridget Jones.
- Bridget cooks for her friends – a disaster!

CIVILISATION

9.1 Mangeons bio !

Les Français vivent pour manger!

On dit que les Français adorent manger! La nourriture est pour les Français une source de plaisir et un véritable phénomène culturel. On dit que les Français vivent pour manger <u>tandis que</u> les Irlandais mangent pour vivre !

Que mangent les Français ?

La cuisine traditionnelle française est la préférée des Français, mais ils apprécient de plus en plus <u>la cuisine étrangère</u>, en particulier la cuisine chinoise, italienne et mexicaine. Est-ce que les Français mangent vraiment des escargots et des cuisses de grenouille ? Oui, mais ils sont consommés lors d'occasions spéciales comme à Noël et pour des fêtes.

La nourriture et les régions

Chaque région de France a ses spécialités qui varient beaucoup d'une région à l'autre. Parmi les plus connues, on trouve les crêpes bretonnes, l'entrecôte bordelaise et la choucroute alsacienne.

L'art des chefs français

Dans les années quatre-vingt, un chef de cuisine, Michel Oliver, a introduit « La Nouvelle Cuisine ». Les portions sont plus petites et elles sont présentées de façon artistique. La gastronomie française est renommée partout dans le monde grâce à ses célèbres chefs comme Alain Ducasse, Raymond Blanc, Pierre Gagnaire et Jean-Christophe Novelli.

Lexique

tandis que	*while*
la cuisine étrangère	*foreign food*

A. Your opinion

Complete the following:

1. French people love …
2. For the French, eating is …
3. On the contrary, Irish people …
4. The favourite type of food in France is …
5. Food from abroad is becoming more popular, especially …
6. French people eat snails and frog's legs …
7. Different types of food are eaten in different areas, for example …
8. In the 1980s …
9. Nouvelle Cuisine is ….
10. France has a worldwide reputation for its food thanks to its …

B. Votre opinion

Les Français vivent pour manger tandis que les Irlandais mangent pour vivre. *Pensez-vous que c'est vrai ?*

ÉCOUTEZ **PARLEZ**

9.2A Les jeunes et la nourriture

Sarah a fait un sondage sur les goûts des jeunes Français.

La nourriture est très importante en France, n'est-ce pas?

Oui absolument ! Les Français restent très attachés à leurs 3 repas par jour. Mais ils passent de moins en moins de temps à les préparer car ils sont de plus en plus pressés. Quand même, la nourriture est quelque chose de très important dans leur vie.

Les Français pensent-ils que les produits « bio » sont meilleurs pour la santé ?

Sans doute oui ! Même si les aliments « bio » coûtent souvent plus chers, les Français préfèrent une alimentation naturelle sans produits chimiques et favorisent les élevages qui respectent les conditions de vie des animaux. Ils achètent de manière responsable et le commerce équitable est devenu populaire.

L'obésité est un problème dans les pays riches en général. Est-ce un problème en France ?

Malheureusement les jeunes Français sont de plus en plus nombreux à avoir des problèmes de poids. On mange trop de « Fast Food », de chips, de barres chocolatées, de bonbons et on boit trop de soda. Ils ne font pas assez de sport et restent trop de temps devant la télé ou la console de jeux !

On peut manger du chocolat et boire du soda dans les collèges en France ?

Les distributeurs d'aliments et de boissons ont disparu dans la plupart des collèges et lycées. Ça fait partie de la lutte contre l'obésité. Seules les fontaines à eau ont été maintenues !

Alors, Mc Do, c'est fini ?

Pas du tout ! Après le succès du film « Super Size me – Fais–moi grossir », les menus chez Mc Do sont devenus plus verts et plus légers. Mc Do a demandé conseil à des nutritionnistes et des chefs. Le chef Olivier Pichot a créé une sélection de salades complètes. Mc Do a sponsorisé plusieurs athlètes et a distribué 2 millions de podomètres aussi.

9.2B Et vous ?

PARLEZ

Travaillez en groupe et discutez des questions suivantes :

1. La nourriture est-elle importante pour vous ?   *Moi, je crois que …*
2. Est-ce que l'obésité est un problème en Irlande ?   *Je pense que …*
3. Allez-vous au Fast Food de temps en temps ?   *J'y vais …*

4. Les distributeurs d'aliments et de boissons sont-ils interdits dans les écoles en Irlande ?   *Ils sont / Ils ne sont pas …*
5. Mangez-vous des aliments « bio » (organic) ?   *Je mange …*
6. Soutenez-vous le commerce équitable (fair trade) ?   *J'achète du café, …*

ÉCOUTEZ

9.3 Les Français et l'alimentation

Mémo
It will be helpful to revise your numbers before answering these questions

Sarah presents a summary report of her findings on French people and food to her class.

1. How many tons of food and drink does a family of four consume each year?
2. How many tons of fruit and veg are consumed?
3. How does this compare with the rest of Europe?
4. What is the trend as regards eating bread?
5. How long do French people spend eating each day on average?
6. What are the most popular foods of 15-19 year olds?
7. What percentage of their pocket money do boys spend on food?
8. What percentage of their pocket money do girls spend on food?
9. What food do girls particularly like?
10. What food do boys particularly like?

VOCABULAIRE

9.4 La nourriture et les boissons

Les fruits. La pomme, la poire, l'orange, la banane, la framboise, la fraise, le pamplemousse.

Les légumes. Les pommes de terre, les carottes, les petits pois, les champignons, le chou, l'oignon.

Le pain et les gâteaux. La baguette, le croissant, le pain grillé, les céréales.

9.5A Bien manger !

ÉCOUTEZ

Listen to this advice from top chef Patrick Lorgeoux from the Hotel Mirabelle in Biarritz. Fill in the following advice given for each meal:

Breakfast

Lunch or dinner

Tea

What is Patrick Lorgeoux's final piece of advice?

B. Point grammaire

GRAMMAIRE

When you say you have some bread, cereal etc, you say :

du (before a masculine word)   exemple : <u>du</u> pain
de la (before a feminine word)   exemple : <u>de la</u> confiture
de l' (before a vowel or h)   exemple : <u>de l'</u>eau
des (before all plurals)   exemple : <u>des</u> bonbons

These are called « articles partitifs ».
But remember « beaucoup **de** » or « **d'** » before quantities:
beaucoup <u>de</u> chocolat
un paquet <u>de</u> biscuits.

C. Et vous ?

ÉCRIVEZ   **Décrivez votre menu préféré**

Pour mon petit déjeuner, je prends ….
Pour mon déjeuner : Comme entrée, je voudrais …
Comme plat principal, je prends …
Comme dessert, donnez-moi …
Comme boisson, j'aimerais …

Mémo
For advice on documents see page 195.

D. Un document

Faites un document sur les habitudes alimentaires des Français.
Ou
des Français et des Irlandais.
Comparez les habitudes alimentaires.

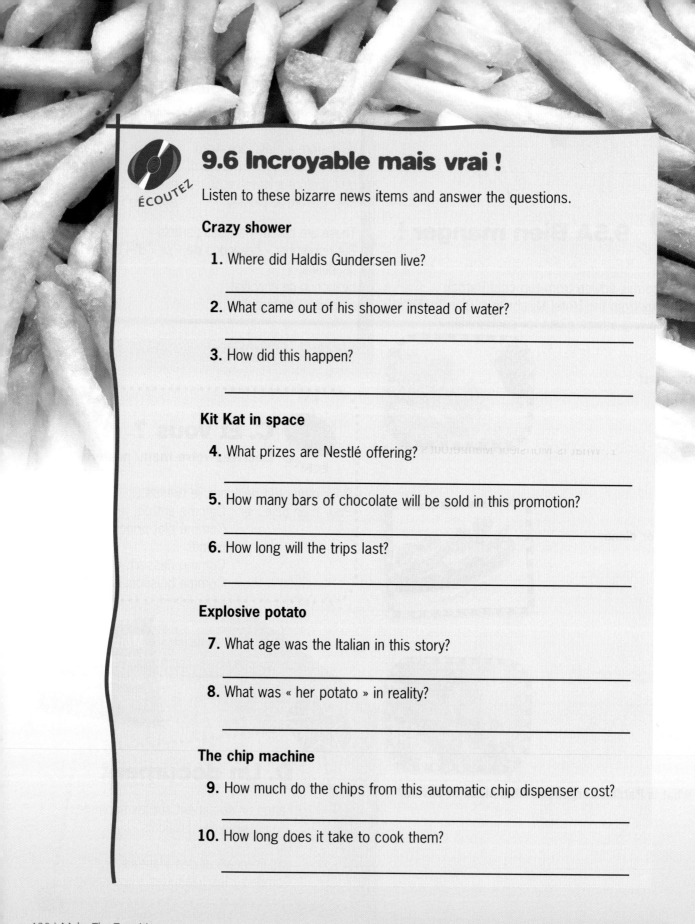

ÉCOUTEZ

9.6 Incroyable mais vrai !

Listen to these bizarre news items and answer the questions.

Crazy shower

1. Where did Haldis Gundersen live?

_____

2. What came out of his shower instead of water?

_____

3. How did this happen?

_____

Kit Kat in space

4. What prizes are Nestlé offering?

_____

5. How many bars of chocolate will be sold in this promotion?

_____

6. How long will the trips last?

_____

Explosive potato

7. What age was the Italian in this story?

_____

8. What was « her potato » in reality?

_____

The chip machine

9. How much do the chips from this automatic chip dispenser cost?

_____

10. How long does it take to cook them?

_____

ÉCRIVEZ

9.7 Monsieur Mangetout. Le régime le plus bizarre

Read this article about Monsieur Mangetout and then answer the questions below.
This man has a really amazing diet!

A. Monsieur Mangetout.

Michel Lotito, plus connu sous le nom de Monsieur Mangetout, a mangé des choses extraordinaires pendant 50 ans. Normalement il consomme 50 grammes de métal et de verre par jour. Il a déjà mangé 18 vélos, 15 chariots de supermarché, 7 télévisions et 2 lits, 6 chandeliers et un ordinateur. Les médecins ne comprennent pas le phénomène. La chose la plus bizarre qu'il ait jamais mangé, c'était un cercueil ! (y compris les poignées !) Aujourd'hui, Monsieur Mangetout est mort et cela n'a rien à voir avec quelque chose qu'il a mangé ! Écoutez cet entretien qu'il nous a donné avant son décès.

Questions

1. What is Monsieur Mangetout's real name?

   _____

2. Describe his amazing diet.

   _____

3. What phrase (in French) tells you that doctors think that his diet is very unusual?

   _____

4. To what do the figures 50, 18, 15, 7, 6, 2, and 1 refer to?

   _____

ÉCOUTEZ

B. Now listen to the interview with Monsieur Mangetout and answer these questions:

1. What age was he when he began this crazy eating habit?

   _____

2. What did he do when he was 16 years old?

   _____

3. What did people ask him to do?

   _____

4. Name one country where he performed his feats.

   _____

5. How does he manage to do what he does?

   _____

6. What medical help does he have?

   _____

7. What does he like to drink?

   _____

9.8 La cuisine pendant l'année de transition

Nous avons interviewé trois jeunes sur ce qu'ils ont fait pendant l'année de transition sur la cuisine.

Give details about each of the activities described here.

Emma :

_____

_____

Katie:

_____

_____

Jack:

_____

_____

LISEZ

9.9 Jack tried some recipes for making milk shakes. Look at this one from the film *Ratatouille* and then answer the questions.

Milk shake trop bon

4 personnes Temps de préparation 10 minutes

2 bananes • 6 boules de glace à la vanille • 2 yaourts nature • 1 verre de lait
• 4 grandes cuillerées de sucre • 1 barquette de framboises fraîches (125g) ou surgelées

1. Retire la peau des bananes et coupe-les en 4.

2. Mets tous les ingrédients dans un robot mixeur. Mixe le tout jusqu'à ce que le mélange soit bien lisse et crémeux.

3. Verse la boisson dans 4 grands verres. Sers les milk-shakes avec des pailles.

Facile et super bon !

1. Which one of these ingredients is not included in the recipe? *Milk, bananas, ice-cream, strawberries* _____

2. What quantity of sugar is required? _____

3. What two options do you have for the raspberries? _____

4. How should you prepare the bananas? _____

5. How should the mixture be after you have put it in the blender? _____

6. How many drinks will this mixture yield? _____

7. How should the milk shakes be served? _____

8. How is this recipe rated? _____

PARLEZ **ÉCOUTEZ**

9.10A Le pain et le vin

Adam a découvert le pain français et comment choisir un bon vin.

Vous avez fait un stage sur le pain et le vin en Transition, n'est-ce pas Adam ?
Pendant le cours de français, nous avons appris beaucoup sur le pain et le vin français qui sont renommés partout.

Buvez-vous beaucoup Adam ?
Non. Au contraire, je ne bois pas. Mes parents aiment boire du vin en dînant le dimanche, et maintenant je sais comment les aider à choisir un bon vin.

Vous aimez le pain français ?
Les Irlandais adorent le pain français. Les boulangeries-pâtisseries françaises en Irlande comme « La Cuisine de France » et « Léon » ont eu un succès incroyable malgré le fait que le nombre de boulangers français en France diminue.

Quand on voit un château sur l'étiquette d'une bouteille de vin est-ce une garantie de qualité ?
Pas exactement. Les vignerons aiment appeler leur propriété un château même si cela n'en est pas forcément un. Les mentions obligatoires comme les AOC indiquent la qualité d'un vin.

Et le vin français ?
Notre prof a invité un représentant de Gibneys Ireland, Mme Low, pour nous en parler. Elle nous a expliqué la production du vin et comment choisir un bon vin.

Et en effet, comment est-ce qu'on choisit un bon vin ?
Ça dépend du temps. Si l'été a été trop chaud ou trop pluvieux, c'est mauvais pour le vin. 2005 et 1999 par exemple étaient des années exceptionnelles pour les bordeaux rouges. On choisit le vin selon sa région. Le vin rouge de Bordeaux est célèbre partout dans le monde. Un autre vin célèbre est le champagne. On boit du champagne quand on fête quelque chose de spécial, par exemple au cours d'un mariage.

9.10B Et vous ?

PARLEZ

Vous faites un stage sur la cuisine ? *Je fais / Je ne fais pas …*
Vous aimez le pain français ? *J'aime … / Je n'aime pas …*
Qu'est-ce que vous aimez manger ? *J'aime …*
Décrivez votre dîner préféré. *Pour commencer … ensuite … et pour finir …*
Qu'est-ce que vous aimez boire ? *Je bois / Je ne bois pas …*

French wines with an Irish connection, such as Michel Lynch, Château MacCarthy or La Petite Colline de l'Espère, have an excellent reputation.

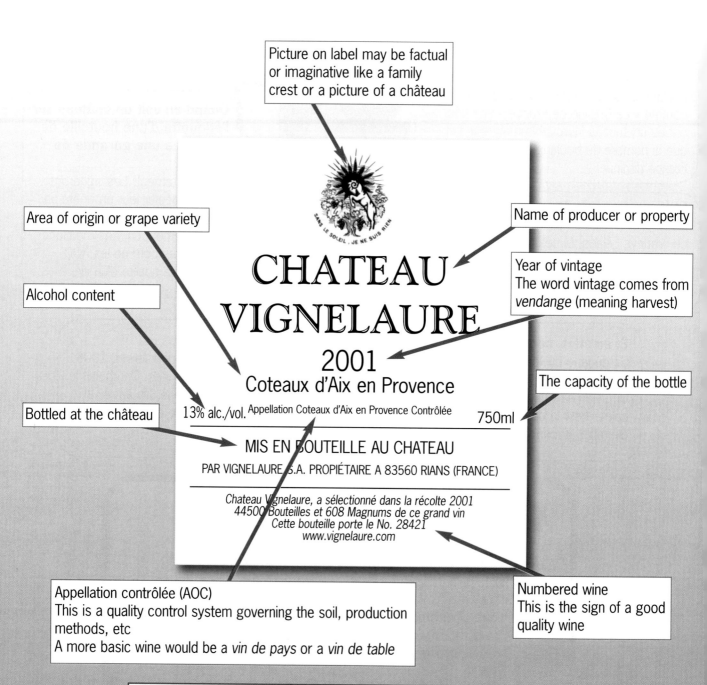

Picture on label may be factual or imaginative like a family crest or a picture of a château

Area of origin or grape variety

Name of producer or property

Alcohol content

Year of vintage
The word vintage comes from *vendange* (meaning harvest)

Bottled at the château

The capacity of the bottle

Appellation contrôlée (AOC)
This is a quality control system governing the soil, production methods, etc
A more basic wine would be a *vin de pays* or a *vin de table*

Numbered wine
This is the sign of a good quality wine

Good quality wine is generally stored in a coloured bottle to protect it from light

(Label text:)

CHATEAU
VIGNELAURE
2001
Coteaux d'Aix en Provence
13% alc./vol. Appellation Coteaux d'Aix en Provence Contrôlée   750ml
MIS EN BOUTEILLE AU CHATEAU
PAR VIGNELAURE S.A. PROPIÉTAIRE A 83560 RIANS (FRANCE)

Chateau Vignelaure, a sélectionné dans la récolte 2001
44500 Bouteilles et 608 Magnums de ce grand vin
Cette bouteille porte le No. 28421
www.vignelaure.com

SANS LE SOLEIL . JE NE SUIS RIEN

9.12A Les produits français

ÉCRIVEZ

Adam said that the name of a particular region often indicates a particular type of wine. This also applies to particular types of French food.

Voici une liste des régions et de produits français. Faites des phrases en suivant l'exemple donné.

Attention à l'orthographe : majuscule ou minuscule ?

Exemple: **Bordeaux** : c'est une région. **Le bordeaux**, c'est un vin de cette région.

1. Le Beaujolais   Le beaujolais
2. La Brie   Le brie
3. Roquefort   Le roquefort
4. La Champagne   Le champagne
5. Cognac   Le cognac
6. Camembert   Le camembert
7. Chablis   Le chablis

B. Les termes gastronomiques

ÉCRIVEZ

Emma a fait un stage sur les arts ménagers. Elle a découvert que le français est la langue officielle des termes gastronomiques et des menus. Et vous ? Reconnaissez-vous ces mots et termes ? Lisez-les et essayez de trouver les bonnes explications et remplissez la grille.

1. Beignet
2. Bouquet garni
3. Canapé
4. Béchamel
5. Quiche
6. Sauté
7. Pâté
8. Bain Marie
9. Gratin
10. Consommé

A. Clear soup
B. Fritter or doughnut
C. Open sandwich
D. Savoury tart
E. White sauce
F. Meat paste
G. Double saucepan for keeping food warm
H. Crust formed on top of dish when browned
I. Tossed over high heat to warm quickly
J. Bunch of fresh herbs used for seasoning

1.	B
2.	
3.	
4.	
5.	
6.	
7.	
8.	
9.	
10.	

9.13 Le journal de Bridget Jones

In this text Bridget Jones decides to give a dinner party for her friends. She isn't a good cook so there are a few disasters! Read the text and answer the questions.

Le journal de Bridget Jones

1. 19.00. Viens de rentrer à la maison. Bon. Du calme. Du calme. La soupe sera parfaite. Je vais cuire et écraser les légumes comme c'est marqué dans la recette et, pour donner du goût, j'enlèverai les carcasses de poulet que je mettrai dans la soupe, avec de la crème.

2. 20.30. Tout se passe à merveille. Les invités sont dans le living. Mark est t. gentil : il m'a apporté du champagne et des chocolats belges. Je n'ai pas encore préparé le plat de résistance, excepté les pommes de terre fondantes, mais je suis certaine que ce sera t. rapide. Bon. La soupe d'abord.

  20.35. Oh, Seigneur ! Viens de soulever le couvercle, la soupe est bleu vif.

3. 21.00. Mes amis sont formidables. Pourquoi, après tout, a demandé Mark, devrait-on condamner la soupe bleue sous prétexte qu'il n'existe pas de légumes bleus dans la nature ? Les bâtonnets de poisson seraient-ils naturellement orange, par hasard ?

4. 21.30. Ouf ! Jude et Mark sont venus à la cuisine, ils m'ont aidée à faire une grosse omelette, ils ont écrasé les pommes de terre fondantes à moitié cuites pour en faire des espèces de petites crêpes qu'ils ont mises à frire dans la poêle et ils ont posé le livre de cuisine ouvert à la bonne page sur la table pour que tout le monde regarde l'image et se fasse une idée de ce qu'aurait été le plat.

5. 22.00. T. triste. Attendais, pleine d'espoir, les réactions de mes invités. Il y a eu un silence gêné.
  - Qu'est-ce que c'est, trésor ? a enfin demandé Tom. De la marmelade ?
  Frappée de terreur, j'ai goûté à mon tour. En effet, c'était de la marmelade. Bilan : tout ce travail, tous ces frais pour servir quoi à mes invités ?
  Une soupe bleue
  Une omelette
  De la marmelade d'oranges.
  Je suis vraiment nulle. Moi, une « étoile » du Michelin ? Plutôt la star du surgelé, oui !

1. Bridget essaie de créer une ambiance de sérénité pour elle-même à la maison. Citez un mot qui vous le dit. (Section 1)

_____

2. Qu'est-ce qu'elle met dans sa soupe ? (un ingrédient) (Section 1)

_____

3. Ses amis se trouvent dans la cuisine. Vrai ou faux ? (Section 2)

_____

4. Citez un cadeau offert par Mark. (Section 2)

_____

5. De quelle couleur est la soupe ? (Section 2)

_____

6. Quel est le lien entre la soupe de Bridget Jones et les bâtonnets de poisson ? (Section 3)

_____

7. Pourquoi les amis de Bridget ont-ils ouvert le livre de cuisine sur la table pendant le dîner ? (Section 4)

_____

8. À quoi ressemblaient les oranges confites que Bridget a préparées ? (Section 5)

_____

9. Bridget is a terrible cook and feels that she is really hopeless. Comment on this with support from the text. (Two points)

_____

9.14 Incroyable mais vrai !

ÉCOUTEZ

Listen to the following crazy news items and answer the questions.

No food
1. What law has been introduced in restaurants in Mississippi?
2. What will happen to the restaurants that do not respect the law?

Chut !
3. What cities are referred to in this article?
4. Explain the idea of the quiet parties.

Egg trafficking 'Kinder Surprise'
5. Why have Kinder Surprise eggs been banned in America?
6. How can Kinder addicts get around the law?

9.15 Qui mange quoi ?

ÉCRIVEZ

Dans quel pays mange-t-on le plus de fromage? Quelle nationalité boit le plus de café ? Voici dix records alimentaires et neuf pays qui détiennent le record mondial de consommation par habitant. Indiquez le numéro correspondant à chaque produit indiqué.

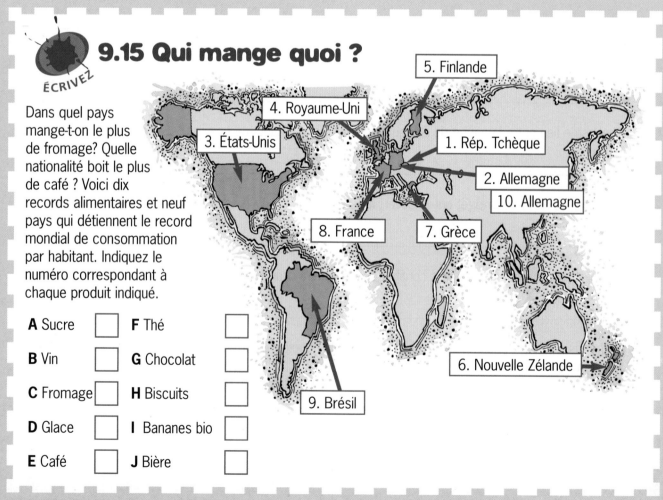

5. Finlande
4. Royaume-Uni
3. États-Unis
1. Rép. Tchèque
2. Allemagne
10. Allemagne
8. France
7. Grèce
6. Nouvelle Zélande
9. Brésil

A Sucre ☐   **F** Thé ☐

B Vin ☐   **G** Chocolat ☐

C Fromage ☐   **H** Biscuits ☐

D Glace ☐   **I** Bananes bio ☐

E Café ☐   **J** Bière ☐

Grosses bises !

- Relationships in France
- Love, marriage and divorce
- Crazy news items about love
- Romantic vocabulary
- Relationship advice from Clément
- Long distance relationships
- Romantic articles

Oral work

PARLEZ Peace days – anti-bullying project
Learning to control your emotions
Education for life in TY

Littérature

LISEZ L'amour toujours !
Everyone is in a relationship except Marion.

Website

WEB www.mariage.gouv.fr
www.nehb.ie/coolschoolbullyfree/default.htm

Grammaire

GRAMMAIRE La Négation.

10.1 Grosses bises

1. La jeunesse et les amis
La jeunesse est le temps des copains et maintenant 70% des jeunes continue leurs études à l'âge de 19 ans, donc la jeunesse dure longtemps. Il y a des <u>potes inséparables</u> et de simples camarades mais les amis sont <u>primordiaux</u> dans la vie des jeunes Français.

2. Le mariage
À l'âge adulte, avec l'entrée dans le monde du travail, les contacts et les relations sociales changent normalement. Le mariage reste très populaire en France et au dernier recensement, les Français se marient de plus en plus. En effet, 85% des adultes vivant en couple sont mariés. Les hommes se marient <u>en moyenne</u> à 30 ans et les femmes à 28 ans. Le mariage civil est plus populaire que le mariage religieux.

3. La cohabitation
Quinze pour cent des couples vivant ensemble ne sont pas mariés. Jusqu'à l'âge de 28 ans pour les hommes et 26 ans pour les femmes, les couples qui vivent en <u>union libre</u> sont plus nombreux que les couples mariés. Une alternative existe depuis 1999, le PACS (pacte civil de solidarité). C'est un contrat signé par le couple <u>auprès d'un tribunal</u>. Le couple bénéficie de certains avantages comme les couple mariés. Chaque couple a un livret de famille. On y inscrit des événements comme par exemple la naissance de futurs enfants.

4. Le divorce
Malheureusement le nombre de divorces <u>augmente</u> et 40% des mariages en France se termine par un divorce. La plupart des divorcés se remarient en créant de nouvelles familles et il y a beaucoup de familles <u>recomposées</u> en France.

Lexique	
les potes inséparables	*inseparable friends*
primordiaux	*all important*
en moyenne	*on average*
une union libre	*living with a partner without being married*
auprès d'un tribunal	*before the courts*
augmente	*is increasing*
recomposées	*reconstituted*

Did you understand?

Check that you have understood the gist of this text.

1. Youth is the time for … (Section 1)
2. To what does the figure 70 refer? (Section 1)
3. What tends to change social relationships? (Section 2)
4. Marriage is more popular than ever in France. True or false? (Section 2)
5. To what does the figure 85 refer? (Section 2)
6. To what does the figure 30 refer? (Section 2)
7. To what does the figure 15 refer? (Section 3)
8. What is the name of the civil contract between two people living together? (Section 3)
9. What is the name of the legal notebook that records family events? (Section 3)
10. To what does the number 40 refer? (Section 4)

10.2 Incroyable mais vrai !

Listen to the following bizarre romantic news items and answer the questions.

Love sick!
1. What nationality is the company in this news item?
2. In what circumstances is the company offering days off work to its employees?

The cheating fiancé
3. How soon before her wedding did Kyle Paxman discover that her fiancé was cheating on her?
4. Since she had already paid for her reception, what did she do?

3,700 Sabines
5. What nationality was Sabine?
6. Where did the young Canadian originally meet Sabine?
7. How did the young couple manage to make contact?

Love letter
8. What age is Maja?
9. How long did it take for this love letter to arrive?
10. In what sense is it now too late for their relationship?

GRAMMAIRE

10.3A Vocabulaire romantique

Les relations

un(e) ami(e)	*friend*
une connaissance	*acquaintance*
un(e) correspondant(e)	*penfriend*
le petit ami	*boyfriend*
la petite amie	*girlfriend*
le couple	*couple*
le fiancé	*fiancé*
la fiancée	*fiancée*
les fiancés	*engaged couple*

L'amour

rencontrer quelqu'un	*to meet someone*
se faire des amis	*to make friends*
sortir avec quelqu'un	*to go out with someone*
tomber amoureux(se)	*to fall in love*
aimer	*to love*
un baiser	*a kiss*
une bise	*a kiss on the cheek*
embrasser	*to kiss*
le coup de foudre	*love at first sight*
se marier avec quelqu'un	*to marry someone*
le mariage	*marriage / wedding*
un mari / un époux	*a husband*
une femme / une épouse	*a wife*
avoir un bébé	*to have a baby*

La tristesse

le divorce	*divorce*
la séparation	*separation*
être fâché(e)	*to be angry*
les disputes	*arguments*
rompre avec	*to break up with*

ÉCRIVEZ

10.3B Trouver la fin du mot

Join these two parts together to find the words relating to love and relationships and say what they mean in English.

1 div	**(a)** er	_____
2 dis	**(b)** oux	_____
3 sép	**(c)** orce	_____
4 ép	**(d)** pondant	_____
5 bais	**(e)** aration	_____
6 coup	**(f)** pute	_____
7 conn	**(g)** er	_____
8 corres	**(h)** aissance	_____
9 fian	**(i)** le	_____
10 aim	**(j)** cé	_____

10.4 Entre nous ! Conseil de Clément – notre psy

Listen to the following problems phoned into Clément. Say what each problem is and summarise Clément's advice.

	Problem	Clément's advice
Camille		
Maxime		
Ignès		

10.5 Pour entretenir une relation à distance

Ignès was worried about losing touch with her boyfriend when he moved house. Read this article and answer the questions below.

à cœur ouvert

À faire

1. Envoyer des e-mails tous les deux ou trois jours, c'est pratique et économique.
2. Téléphoner au moins une fois par semaine, car il est important de se parler de vive voix.
3. Oser envoyer des fleurs même à un garçon, c'est plutôt rigolo !
4. Expédier des colis dans de superbes emballages que l'autre s'empressera d'ouvrir.
5. Écrire, car ouvrir une lettre, c'est toujours excitant !

À ne pas faire

1. Croire au proverbe « loin des yeux, loin du cœur ».
2. Se faire un film sur ce qu'il (elle) fait ou ne fait pas.
3. Rester scotché(e) devant le téléphone à attendre un coup de fil de sa part.
4. Compter les jours d'absence.
5. Reporter les mails, lettres ou appels téléphoniques trop souvent, au risque de briser la complicité.

1. What are the advantages of sending emails? _____
2. Why is it good to talk on the phone? _____
3. Is it all right for a girl to send a boy flowers? _____
4. What advice is given in Point 5 (À faire)? _____
5. Explain this proverb in English. (Point 1, À ne pas faire) _____
6. What should you not count? _____
7. Should you email and phone very often? (Give details) _____

10.6 L'amour toujours

During the holidays everyone seems to fall in love, that is everyone except
Marion ! Firstly Charles, Marion's brother, and now Camille, her best friend!

1. Camille et moi, on est amies comme … les doigts de
la main. Elle habite avec son père (ses parents sont
divorcés), dans un appartement tout en moquette et
en musique (son père est producteur de disques), à
dix minutes de chez moi.

2. Ce samedi-là, j'ai mis bien moins de dix minutes à
arriver chez elle. Quand elle m'a ouvert, j'ai eu un
choc de la retrouver si grande, si jolie, si bronzée.
Comme si on avait passé beaucoup plus de deux
mois sans se voir…
   - Tu t'es fait couper les cheveux ?
   - Mais noooon … Tu n'y es pas du tout … Allez, tu
   donnes ta langue au chat ? Je suis amoureuse!
   A-MOU-REUSE.
   - Tu ne peux pas savoir, Marion. Il est génial, c'est
   l'homme de ma vie, c'est sûr, c'est lui ! Tout de
   suite, le premier jour où on s'est vus, ça a été un
   choc, une attirance, comme un aimant … Il
   mangeait un pain au chocolat. Il m'en a donné la
   moitié. Et le lendemain, sur la même plage, à la
   même heure, je suis venue, et il y était. Comme si
   on avait rendez-vous sans s'être donné rendez-vous,
   tu vois. Et tu sais pas ce qu'il a apporté ? Deux
   pains au chocolat ! Un pour lui et un pour moi …

3. Pendant des heures, Camille m'a raconté comment
elle passait des heures, main dans la main, face à la
mer avec un type génial-beau-fantastique que je
n'avais jamais vu et
que je ne verrais
peut-être jamais …

À la fin, je
connaissais toute
leur histoire par
cœur, mieux que
mes cours d'histoire-
géo la veille du contrôle : leurs promenades, leurs
danses, leurs baisers, son nom, Helmut, sa mère
allemande, ses yeux, ses cheveux, sa passion pour le
yoga, ses lettres, son portrait.

J'avais un peu honte : jamais ma copine n'avait eu l'air
si heureuse, et moi, pour la première fois, je
m'ennuyais à l'écouter. À un moment j'ai même bâillé.
Mais j'ai réussi à déguiser mon bâillement en sourire.
Et comme ça tombait à l'instant (sublime) où elle me
racontait comment Helmut lui avait proposé
d'échanger leurs montres, elle n'a rien vu. De toute
façon, je crois qu'elle ne voyait plus rien. On dit aussi
que l'amour rend aveugle, non ? Et on pourrait
ajouter : sourd. La preuve : Camille ne m'a pas posé
la moindre question sur mes vacances.

En me raccompagnant, elle m'a juste demandé :
- Et toi, au fait, t'es pas tombée amoureuse, cet été ?
À croire qu'elle le faisait exprès.

Questions

ÉCRIVEZ

1. Relevez l'expression utilisée par Marion qui dit que Camille et elle sont de très bonnes amies? (Section 1)
2. Décrivez la situation familiale de Camille. (Section 1)
3. Quelle est la profession de son père ? (Section 1)
4. Quand est-ce que Marion a rendu visite à Camille ? (Section 2)
5. Comment était Camille ? (Section 2)
6. Pourquoi Camille avait-elle l'air si belle ? (Section 2)
7. Où est-ce que Camille a rencontré l'homme de sa vie ? (Section 2)
8. Qu'est-ce qu'il lui a offert ? (Section 2)
9. Camille gives Marion lots of details about her new boyfriend and Marion's reaction is less than enthusiastic.
   Refer to one detail and summarise Marion's reaction referring to the text.

GRAMMAIRE 10.7A La négation

Avez-vous noté les négatifs dans la section « Conseil de Clément »
Je **n**'ai **pas** confiance en moi.
Je **ne** suis **pas** insensible …
Tu **n**'avais **jamais** …
Je **ne** peux **plus** …

Ne … pas	*not*
Ne … jamais	*never*
Ne … personne	*nobody*
Ne … plus	*no longer*
Ne … que	*only*
Ne … rien	*nothing*
Ne … ni … ni	*neither … nor*
Ne … aucun	*none at all*

Negatives are inserted before and after the verb.
Exemple: Il **ne** tombe **pas** amoureux.

In the **passé composé,** negatives go before and after the **avoir** and **être** part.
Exemple : Je **ne** suis **jamais** allé(e) chez lui.

You can start a sentence with either **rien** or **personne.**
Exemple : Personne **n**'était là. *Nobody was there.*

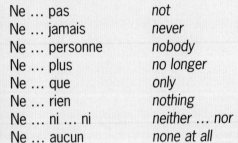

10.7B La négation
ÉCRIVEZ

Mettez les phrases suivantes à la forme négative avec *ne … pas* et traduisez:

1. Je suis amoureux de Sarah. _____
2. Ils sont mariés. _____
3. Il est timide. _____
4. Ils sortent avec ses sœurs. _____
5. J'ai des sentiments pour Luc. _____
6. Tu veux sortir avec elle ? _____
7. Ils sont allés au cinéma ensemble. _____
8. Elles ont quitté la boîte à deux heures du matin. _____
9. Soyez à l'heure pour le premier rendez-vous. _____
10. Après la séparation, il a eu le cœur brisé. _____

Traduisez les phrases.
1. Alexis no longer goes out with Marie. _____
2. He likes neither Julie nor Jade. _____
3. Nobody loves Antoine. _____
4. The marriage only lasted a year. _____
5. He had no money at all. _____

ÉCOUTEZ

10.8 L'éducation pour la vie pendant l'année de transition

Dans le cadre de l'éducation pour la vie, trois jeunes Irlandais, Cian, Michael et Leah, nous décrivent ce qu'ils ont fait pendant l'année de transition.

	Activity	Aim of the activity
Cian		
Michael		
Leah		

ÉCOUTEZ

10.9 Incroyable mais vrai !

Listen to more true but crazy news items and answer the questions.

Baby Tamagotchis
1. What country is being referred to here? _____
2. To whom did the authorities give dolls? _____
3. What was the purpose of these gifts? _____

Special mission
4. What country is being referred to here? _____
5. What was the purpose of this special mission? _____

Visiting rights!
6. Whose visiting rights, in case of a couple divorcing, are mentioned here? _____
7. What is the priority of the judge? _____

The new Barbie!
8. What look has the Ken doll? _____
9. Name one of Fulla's accessories. _____
10. Who does she have instead of a boyfriend? _____

PARLEZ

ÉCOUTEZ

10.10A Les projets de David

Pendant son année de transition, David a fait beaucoup de projets intéressants et il a préparé un document pour son Leaving Cert.

Bonjour David. Vous avez fait un tas de choses intéressantes pendant votre année de transition. N'est-ce pas ?

Ma classe a organisé trois journées concernant « la paix ». L'idée est venue d'un prof qui s'intéresse au mouvement de la paix. Nous avons remarqué que ce début de siècle (*beginning of this century*) est marqué par le terrorisme et nous voulions réagir contre cette violence.

Qu'est-ce que vous avez fait exactement ?

Nous avons organisé des rencontres sportives, des expos et des conférences sur la paix et le respect pour les droits (*rights*) des autres.

Vous m'avez dit que vous avez fait un projet sur le moral, n'est-ce pas ?

Oui, le sujet était comment se sentir bien dans sa peau (*to feel good in your skin / to feel good about yourself*). Il faut positiver au maximum et c'est parfois difficile de le faire et de prendre soin de soi (*take care of yourself*). Il faut toujours être capable de contrôler ses émotions, surtout dans les situations importantes.

Vous avez aussi fait quelque chose sur le problème de la violence à l'école, n'est-ce pas ?

Oui, nous avons participé au mouvement « Cool School » qui aide les écoles à lutter contre la violence dans les établissements scolaires.

La violence à l'école est-elle un phénomène récent ?

Pas du tout ! La violence a toujours existé. Ce qui change, c'est qu'on la tolère moins. Dans notre école, les violences verbales sont les plus nombreuses mais comme dans la plupart des écoles, il y a de la violence physique et des dégradations matérielles. Pour lutter contre cette violence, toute l'école a participé à un stage spécial contre les agressions et le racket à l'école.

PARLEZ

10.10B Et vous maintenant !

1. Vous vous intéressez au mouvement de la paix ? *Je m'intéresse … / Je ne m'intéresse pas …*
2. Y a-t-il un problème avec la violence dans votre école ? *Il y a … / Il n'y a pas …*
3. Comment est-ce qu'on lutte contre la violence dans votre école ? *On fait …*
4. Avez-vous fait un stage sur le moral ? *J'ai … / Je n'ai pas …*
5. Gardez-vous toujours le contrôle de vos émotions ? *Je garde … / Je ne garde pas …*
6. Quels conseils donneriez-vous à quelqu'un qui se sent mal dans sa peau ? *Je lui dirais de …*

10.11 Des articles romantiques bizarres !

Read these crazy articles and answer the following questions:

ÉCRIVEZ

Le plus long baiser

Les Américains Louise Almedover et Rich Langley détiennent le record du plus long baiser du monde. Ils se sont embrassés sans interruption pendant 30 heures, 59 minutes et 27 secondes pendant le Ricki Lake Show à New York. Romantique ? Je ne crois pas !

1. Describe the exact record set here.

_____

2. Where was this done?

_____

3. What made this record difficult according to the article?

_____

Le plus grand mariage de chiens

En février 2006, 27 couples de chiens ont été mariés au cours d'une cérémonie aux Pays-Bas. L'entreprise Petcare Nederland BV a sponsorisé l'événement.

4. What is the record set here?

_____

5. In what country did the event take place?

_____

6. What company sponsored the event?

_____

Terre sauvage

- Our planet is in danger
- The main environmental problems
- Zany ecological articles
- Les déchetteries : recycling fun exercise
- Quiz: Are you a green citizen?
- Interview with America Ferrera
- The weather
- Interview with weather experts
- Postcard, diary entry, form filling
- Strange but true: nature related
- Les pots «nature»

What you would do if you were Minister for the Environment. Clean-up campaigns. Planting trees and doing gardening. Making posters to increase environmental awareness and organising an 'everyone on their bike' day.

Oral work
PARLEZ Being aware of the environment at home. Doing a document on the destruction of the forests.

Grammaire
GRAMMAIRE Le futur simple.

Website
WEB www.lpo.fr
www.spa.asso.fr
www.wwf.fr

11.1 Notre planète est malade

La pollution est un réel danger pour notre monde. Le futur est <u>inquiétant</u> et tout le monde est concerné par la protection de l'environnement. Les jeunes en France prennent ces problèmes au sérieux. <u>On se préoccupe</u> de la pollution de l'air et de l'eau. Dans les centres villes, on limite le nombre de voitures et il y a de nombreuses rues piétonnes. On s'inquiète des changements climatiques qui résultent de la pollution de notre planète : <u>la disparition</u> des espèces animales et le manque de ressources naturelles. Tous ces problèmes sont liés à la pollution. Par exemple, nous avons la destruction des forêts, et également moins de pluie en conséquence de <u>la couche d'ozone</u> qui devient plus grande, ce qui augmente la sécheresse et la disparition de certaines espèces animales.

L'énergie en France

L'indépendance énergique est une priorité politique, économique et industrielle en France. À la suite de la crise pétrolière de 1973, le gouvernement français a fait construire des centrales nucléaires et 75% de l'électricité est produite par le nucléaire. L'opinion publique est à plus de 50% favorable au nucléaire. Les écologistes souhaitent développer le vent comme source d'énergie et on voit de plus en plus d'<u>éoliennes</u>.

Le protocole de Kyoto

En 1997, 159 pays ont signé le protocole de Kyoto – une liste de mesures pour <u>réduire</u> la pollution. Cet accord essaie de convaincre les pays industrialisés de produire moins de CO_2. En 2020, 20% de l'électricité consommée en France devrait être issue des <u>énergies renouvelables</u> selon l'objectif fixé par l'État.

Le Jour de la Terre

Le 22 avril est la journée internationale de l'environnement. Elle a été établie par Gaylord Nelson en 1970 aux États-Unis et en 1990 en France. Les Français participent aux activités écologiques ce jour-là. Il y a des opérations « <u>nettoyage et recyclage</u> » et des protestations et manifestations contre l'énergie nucléaire et les déchets toxiques. La journée de la terre est fêtée dans 184 pays par 500 millions de personnes. On a aussi la fête de la nature, une occasion donnée à tout le monde pour rester en contact avec la nature.

Organisations écologiques

Il y a beaucoup d'organisations qui aident les jeunes à mieux respecter la planète. De plus en plus de jeunes sont membres d'associations comme *La Fédération française des amis de la nature* et *Greenpeace*. L'avenir de la planète est entre les mains des jeunes.

Lexique	
inquiétant	*worrying*
on se préoccupe	*people are concerned about*
la disparition	*the disappearance*
la couche d'ozone	*the ozone layer*
les éoliennes	*windmills*
réduire	*reduce*
les énergies renouvelables	*renewable energy*
le nettoyage et recyclage	*cleaning and recycling*

A. Finish these sentences

1. The two main types of pollution are _____
2. In cities, cars _____
3. Many species of animals are _____
4. We are beginning to run short of natural resources such as _____
5. After the petrol crisis in 1973, the French government _____
6. Fifty per cent of French people are _____
7. The Kyoto protocol is a list of _____
8. World Earth Day was started in _____
9. On that day there are _____
10. The future of the planet is in the hands of _____

B. Touchez pas à ma planète

(a) En groupe, déchiffrez les expressions du texte, copiez la liste ci-dessous dans vos cahiers, puis écrivez l'équivalent en anglais et mettez-les en ordre de 1–10 selon leur gravité.

Gravité	Problèmes de l'environnement	Équivalent en anglais
	la pollution des eaux	water pollution
	la pollution de l'air	
	l'épuisement des ressources naturelles	
	la sécheresse	
	le climat instable	
	la destruction de la forêt	
	les déchets industriels	
	la disparition d'espèces animales	
	l'énergie nucléaire	
	le trou dans la couche d'ozone	

(b) Choisissez les trois problèmes les plus graves et expliquez comment il serait possible de les résoudre.

Exemple : La pollution de l'eau est un problème majeur parce que si nos rivières et nos lacs sont pollués, nous n'aurons pas d'eau potable (à boire).

ÉCRIVEZ

11.2 La protection de l'environnement

Les expressions suivantes sont des mesures pour la protection de l'environnement. Elles sont toutes prises de l'article *'Notre planète est malade'*.

Cherchez-les dans le texte et essayez de les comprendre.

- le recyclage
- des manifestations
- signer le protocole de Kyoto
- des rues piétonnes
- nettoyer (les plages)
- limiter le nombre de voitures qui circulent.

Ensuite choisissez les trois plus efficaces et dites pourquoi.

Exemple : *Il est important de manifester pour signaler qu'on est contre l'énergie nucléaire.*

ÉCOUTEZ

11.3A Alerte : Planète en danger !

La planète entière est menacée. Quatre jeunes en transition, Oisín, Jessica, Kate et Joshua, parlent des principaux problèmes de l'environnement et disent ce qu'ils feraient s'ils étaient ministre de la protection de l'environnement.

	What they consider to be serious environmental problems	Environmental action taken in transition year	What they would do if they were Minister for the Environment
Oisín			
Jessica			
Kate			
Joshua			

Petite astuce

Si + the conditional done on page 173

11.3B Et vous ?

Citez d'après vous les problèmes les plus sérieux et dites ce que vous feriez si vous étiez ministre de l'environnement.

11.3C Vocabulaire pour vous aider

l'effet de serre – *the greenhouse effect*
le réchauffement de la planète – *global warming*
les déchets ménagers – *domestic waste*
les éoliennes – *windmills*

11.3D

L'Irlande est-elle un pays « vert » ?

11.4 Des articles écologiques

Read these interesting articles on nature and the environment and answer the questions below.

A. Le divorce, mauvais pour l'environnement

Selon un sondage américain, le divorce est mauvais pour l'environnement car le divorce augmente le nombre des foyers et donc augmente à son tour l'énergie utilisée. On a découvert aussi que les foyers des divorcés dépensent 56% d'électricité et d'eau de plus et 61% de ressources d'énergie de plus que les foyers des mariés.

1. Explain exactly how divorce can be bad for the environment.
2. To what does the figure 61% refer to?

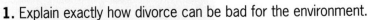

B. Sauver la planète … après sa mort !

Une société australienne de pompes funèbres vient de proposer des cercueils en carton et papier recyclés. Il n'est donc jamais trop tard pour devenir écolo ! D'après Rob James, le directeur de la société, ces « cercueils écolos » ne produisent aucun déchet nocif et donc sont bons pour l'environnement !

3. What suggestion is the Australian firm of undertaker's making?
4. What did Rob James say?

C. Une voiture sans essence !

Imaginez une voiture qui roule sans utiliser une seule goutte d'essence et qui ne crée pas de pollution ! Science fiction ? Ben, non ! Un instituteur suisse de 36 ans, Louis Palmer, a créé cette voiture zéro pollution. Ce « Solar taxi » fonctionne à l'énergie solaire. Monsieur Palmer a l'intention de traverser cinquante pays en seize mois pour prouver l'efficacité de son véhicule.

5. Explain the principle of the zero-pollution car.
6. To what does the figure 50 refer?

D. Sauvé par son portable

Trois Australiens s'étaient perdus la semaine dernière dans le parc national de Victoria. Heureusement, l'un d'entre eux a eu une idée ! Pourquoi ne pas photographier l'endroit où ils se trouvaient égarés ? Bien sûr le ranger a reconnu l'endroit où ils se trouvaient et il a organisé un plan de sauvetage. Les recherches ont duré une demi-journée et les randonneurs ont été ramenés sains et saufs grâce à leur portable !

7. Where precisely were these three Australians?
8. What did they do to get help?
9. Who worked out a rescue plan?
10. How long did it take for them to be rescued?

PARLEZ ÉCOUTEZ

11.5 L'épreuve orale sur l'environnement

Zoë prépare une épreuve orale avec son prof de français pendant son année de transition. Comme elle adore la vie en plein air et la nature, elle a préparé un document sur la destruction des forêts, les incendies dans les forêts en France et ce qu'elle fait pour protéger l'environnement.

Zoë, vous êtes de nature active ?
Absolument, j'adore la nature et je suis très concernée par tous les problèmes environnementaux et j'essaie de faire attention aux petits gestes qui améliorent la situation.

Et la solution ?
Le gouvernement a des programmes de reboisement. Et on a introduit des amendes contre la destruction illégale des forêts. Chaque année, on plante plus d'arbres que l'on en coupe.

Décrivez votre journée écologique typique.
Le matin, je me douche au lieu de prendre un bain. En allant à l'école, je prends les transports en commun ou mon vélo. À l'école, quand je photocopie des textes, j'utilise les deux côtés du papier. À la maison, on utilise toujours des piles rechargeables et le soir, nous ne laissons pas la télé ou l'ordinateur en veille car ça gaspille de l'électricité.

Le feu, c'est un problème ?
Chaque année, environ 20 000 hectares de forêts sont détruits par 4 000 incendies. La cause principale des incendies est l'imprudence ou des actes criminels. Moins de forêts signifie moins de pluie et la sécheresse. Cela provoque plus de feux. C'est un cercle vicieux.

Vos parents sont-ils concernés par l'environnement ?
Oui. Ils font attention aux petites choses. On trie et on recycle les déchets. Ils utilisent un sac en toile au supermarché. Ils mettent le lave-vaisselle en marche une fois par jour parce qu'une machine pleine utilise moins d'eau. Ils utilisent des ampoules économiques.
Chez nous, on respecte l'environnement.

Vous avez préparé un document sur l'environnement ?
Oui, j'ai préparé un document sur la destruction des forêts. En France, la forêt représente 26% du territoire. Malheureusement, on la détruit. Des milliers de Français se promènent dans les forêts. Souvent ils laissent des déchets. Ils endommagent les arbres et l'habitat des animaux.

11.6 Les déchetteries

ÉCRIVEZ

Aidez Zoë et sa famille à trier. Mettez ces objets dans les bonnes déchetteries. Ensuite remplissez la petite grille en bas.

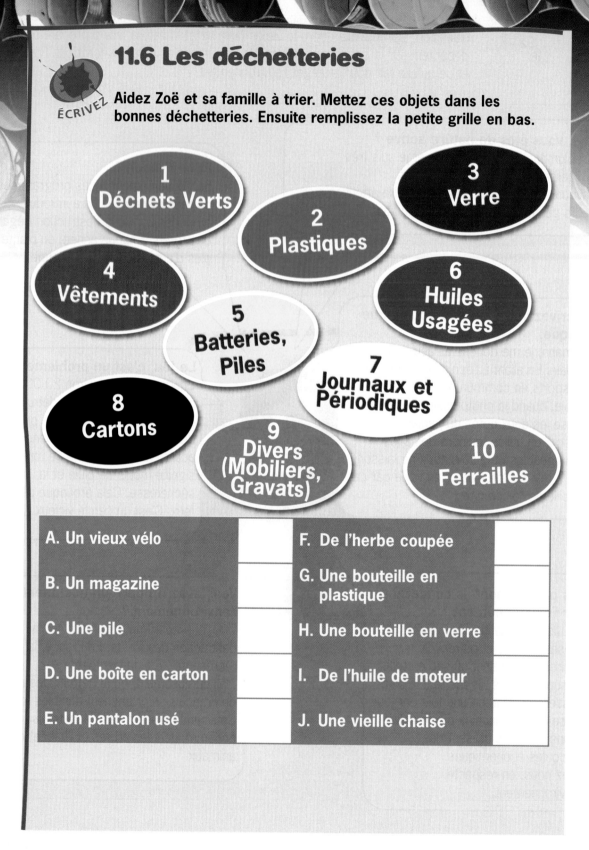

1 Déchets Verts

2 Plastiques

3 Verre

4 Vêtements

5 Batteries, Piles

6 Huiles Usagées

7 Journaux et Périodiques

8 Cartons

9 Divers (Mobiliers, Gravats)

10 Ferrailles

A. Un vieux vélo		F. De l'herbe coupée	
B. Un magazine		G. Une bouteille en plastique	
C. Une pile		H. Une bouteille en verre	
D. Une boîte en carton		I. De l'huile de moteur	
E. Un pantalon usé		J. Une vieille chaise	

11.7 Quiz. Es-tu un citoyen vert ?

Et toi ? Tu as les réflexes verts ? Réponds aux questions et découvre le verdict.

1. C'est le mois de juillet et tu as froid à la maison. Que fais-tu ?
  a) Tu mets un pull.
  b) Tu prends une douche chaude.
  c) Tu allumes le chauffage.

2. Laisser les lumières allumées quand on sort ?
  a) Non, ça gâche de l'électricité.
  b) Un voisin les allume de temps en temps pour éloigner les voleurs.
  c) Pourquoi pas !

3. Qu'est-ce que c'est un CFC ?
  a) Un gaz toxique.
  b) Une association contre la pollution.
  c) Un groupe de rock.

4. L'école se trouve à un kilomètre de chez toi. Comment y vas-tu ?
  a) À pied.
  b) En bus.
  c) En voiture.

5. Tu recycles à la maison ?
  a) Les vieux papiers, le verre et le plastique.
  b) Seulement le papier.
  c) Rien du tout !

6. Que fais-tu à la maison pour nourrir le sol ?
  a) Tu fais du compost.
  b) Tu achètes des produits à la pépinière.
  c) Ton jardin est un désastre !

Si tu as une majorité de 'a'.
Bravo ! Tu es un(e) vrai(e) défenseur (défenseuse) de l'environnement. C'est dommage que tout le monde ne soit pas comme toi !

Si tu as une majorité de 'b'.
Tu t'intéresses un petit peu à l'environnement, mais tu pourrais faire beaucoup plus ! Bouge-toi !

Si tu as une majorité de 'c'.
Les problèmes de l'environnement ne t'intéressent pas. C'est ta planète ! Fais un effort !

11.8 Pas si ... ugly ! America Ferrera

America Ferrera is better known as Ugly Betty from the TV series of the same name that has broken audience record numbers throughout the world. Listen to this interview to discover the real star and her passionate interest in the environment.

1. What enables America to keep her feet on the ground?
2. What was her brother's reaction when she said that she wanted to be an actress?
3. What is her favourite accessory?
4. What is the greatest ecological crime according to her?
5. Name some ecologically sound steps she takes.
6. Why is she proud of the Ugly Betty team?
7. What is her beauty tip?

11.9A Le temps qu'il fait

On a déjà parlé du réchauffement de la terre. Apprenez ce vocabulaire climatique !

Il fait beau (*nice*)
Il fait très chaud (*very hot*)
Il fait (du) soleil / Il y a du soleil (*sunny*)
Il y a des éclaircies (*bright spells*)
Il fait mauvais (*bad*)
Il fait froid (*cold*)
Il pleut (*raining*)
Il y a des averses (*showers*)
Il fait du vent / Il y a du vent (*windy*)
Il y a du brouillard (*foggy*)
Il y a un orage (*storm*)
Il y a du tonnerre (*thunder*)
Il y a des éclairs (*lightning*)
Il neige (*snowing*)
Il y a du verglas (*ice*)
Le ciel est couvert (*cloudy*)
Les inondations (*floods*)
La sécheresse (*drought*)
La canicule (*heatwave*)
Un ouragan / une tempête (*hurricane*)

Mémo

There are three basic sentence types when talking about the weather:

- Il fait ... *beau etc.*
- Il y a ... *des nuages etc.*
- Il + verb : *il neige etc.*

Petite astuce

Les Francais adorent parler du temps qu'il fait et la météo est très regardée à la télé.

Le temps au futur

Very often the weather forecast is expressed in the future tense.

Il fera mauvais.	*The weather will be bad.*
Il pleuvra.	*It will rain.*
Il neigera.	*It will snow.*
Il y aura des averses.	*There will be showers.*
Ça sera ...	*It will be...*
Ça sera une journée ensoleillée.	*It will be a sunny day.*

11.9B Et maintenant la météo !

ÉCOUTEZ **Listen to this weather forecast and answer the following questions:**

1. What comment is made about the summer?

_____

2. What will the weather be like in Europe?

_____

3. What will the temperature be in Paris?

_____

4. What can you expect in the mountains?

_____

5. What is the forecast for the south of the country?

_____

11.9C Entretien avec deux spécialistes

ÉCOUTEZ **Xavier Galois is a meteorological engineer with Météo France, and Michel Van Petham is a forestry engineer with the Department of Agriculture and Fisheries.**

Listen to the two interviews and answer the questions.

1. Name one consequence of global warming according to Xavier Galois.

_____

2. Name one suggested way of fighting against this.

_____

3. Name two causes of forest fires in the south of France.

_____

4. What is the positive side to forest fires?
   (a) It allows the vegetation to renew itself.
   (b) It allows the firemen to keep in training.
   (c) It provides employment.
   (d) It gets rid of dead trees.

GRAMMAIRE

11.10 Le futur simple

Vous avez noté ?
La France **profitera** …
Il **fera** mauvais.
Il y **aura** du soleil.

These sentences all indicate actions which will happen in the future; they are examples of the future tense in French or *le futur simple*. (You've already seen le *futur proche*, see box below.)

1. How to form le futur simple

In English the future tense is translated as **will** or **shall**.

In French it is formed by using a future stem (taken from the infinitive in regular verbs) and the endings (which look like the present tense of avoir!)

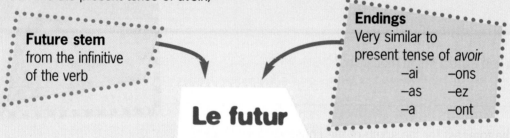

Future stem
from the infinitive
of the verb

Le futur

Endings
Very similar to
present tense of *avoir*

–ai	–ons
–as	–ez
–a	–ont

The endings are simply added to the future stem, which is the same as the infinitive of the verb for regular verbs.

For example:

infinitive	future stem	+ ending	=	future tense
chanter	chanter	+ ai	=	je chanter**ai**
pâlir	pâlir	+ ai	=	je pâlir**ai**
perdre	perdr*	+ ai	=	je perdr**ai**

* *Note that the final 'e' from the infinitive of –re verbs is dropped in the future stem.*

2. Regular verbs

Here is the pattern for all regular verbs:

–er verbs	–ir verbs	–re verbs
parler	**finir**	**vendre**
(to speak)	(to finish)	(to sell)
je parler**ai**	je finir**ai**	je vendr**ai**
tu parler**as**	tu finir**as**	tu vendr**as**
il parler**a**	il finir**a**	il vendr**a**
elle parler**a**	elle finir**a**	elle vendr**a**
on parler**a**	on finir**a**	on vendr**a**
nous parler**ons**	nous finir**ons**	nous vendr**ons**
vous parler**ez**	vous finir**ez**	vous vendr**ez**
ils parler**ont**	ils finir**ont**	ils vendr**ont**
elles parler**ont**	elles finir**ont**	elles vendr**ont**

3. Irregular verbs

Many verbs have irregular future stems. This means that they are not formed from the infinitive of the verb. Sorry there's no way out! These irregular future stems just have to be learnt off by heart. However, **the endings are the same for *all* verbs, regular or irregular**. So, all you have to do is learn the stem from the 1st person singular (the '*je*' part) of the following verbs, and then add the same endings as before. They are arranged in a form that makes them easy to learn!

être	je serai (*I will be*)	vouloir	je voudrai (*I will like*)
faire	je ferai (*I will do or make*)	devoir	je devrai (*I will have to*)
avoir	j'aurai (*I will have*)	recevoir	je recevrai (*I will receive*)
savoir	je saurai (*I will know*)	aller	j'irai (*I will go*)
venir	je viendrai (*I will come*)	voir	je verrai (*I will see*)
tenir	je tiendrai (*I will keep/hold*)	pouvoir	je pourrai (*I will be able to*)
envoyer	j'enverrai (*I will send*)	courir	je courrai (*I will run*)

Note the future of these common expressions:

c'est (*it is*)	→	ce sera (*it will be*)
il y a (*there is, there are*)	→	il y aura (*there will be*)

4. Exercise

1. Complétez au futur et traduisez en anglais.

(1) je (tenir)

_____

(2) je (parler)

_____

(3) je (savoir)

_____

(4) elle (avoir)

_____

(5) nous (aller)

_____

(6) vous (travailler)

_____

(7) il (être)

_____

(8) elle (faire)

_____

(9) nous (voir)

_____

(10) vous (venir)

_____

2. Translate. (All verbs will be in the future.)

(a) The forests will be in danger.

_____

(b) The laws (*lois*) for the protection of the environment will be adapted.

_____

(c) He will take part (*participer*) in the protest against nuclear power.

_____

(d) We will recycle more and more waste.

_____

(e) She will fight (*lutter*) to save the planet.

_____

(f) The political representatives (*députés*) will vote for new laws.

_____

(g) The money will be sent to victims of the floods.

_____

11.11 Formulaire

Vous vous appelez John / Joan Murphy. Vous voulez devenir membre de l'association Cassis Vert et Bleu, une association qui se bat pour défendre et protéger la nature. Remplissez le formulaire suivant :

N.B. Répondez à 6, 7, 8 et 9 par des phrases complètes.

1. Nom _____

2. Prénom _____

3. Votre adresse e-mail _____

4. Lieu de naissance _____

5. Depuis combien d'années apprenez-vous le français ?

_____

6. Vous êtes conscient(e) des problèmes environnementaux ?

_____

_____

7. Vous aimez les animaux ? Vous avez un animal à la maison ?

_____

_____

8. Que feriez-vous pour améliorer notre environnement ?

_____

_____

9. Pourquoi est-ce que vous souhaitez devenir membre de notre société ?

_____

_____

10. Quand irez-vous en France ?

_____

_____

Website
http://cassis.asso.online.fr/
WEB

11.12 Carte postale

ÉCRIVEZ Write a postcard to your friend André/Andrée in which you say that :

- you will be spending two weeks in the Var area of France
- the weather will be really hot and windy
- there is a risk of forest fires in the area.

Postcard tips on page 200

11.13 Journal intime

ÉCRIVEZ You are spending the summer in Ireland and it has rained everyday for the past three weeks and the forecast is for more of the same. Qu'est-ce que vous notez dans votre **journal intime** ?

Journal intime tips on page 199

11.14 Incroyable mais vrai !

ÉCOUTEZ

A tax on flatulence!

1. What country is mentioned here?

2. What has the government decided to do?

Designer recycled umbrellas!

3. Where is this competition being organised?

4. Where and when do the designers get their 'victims'?

Selective sorting!

5. What is the new hip activity in New York?

No sun cream please!

6. What damage is sun cream doing?

7. How many holiday makers are referred to?

8. How many tons of suncream are mentioned here?

11.15 Les pots « nature »

At the moment the natural look is in vogue and this French craft book has instructions for making a penholder.

Le matériel
- quelques brindilles
- des tubes de carton (papier toilette)
- des boîtes de conserve vides
- un peu de mousse
- de la gouache verte
- un pinceau à colle
- un pinceau fin
- de la colle vinylique
- de la grosse ficelle
- un sécateur
- de la moelle de rotin (rattan core)

A.
Récupère une boîte de conserve vite et peins-la à la gouache. Laisse bien sécher. Enduis la boîte de colle et enroule de la moelle de rotin tout autour. Tu peux remplacer la moelle de rotin par de la mousse ou par des brindilles coupées aux mêmes dimensions.

B.
Quelques feuilles de laurier coupées, collées et vernies donnent à ce petit pot de terre un look sympathique ! Prends soin de faire chevaucher les feuilles.

C.
Un simple petit pot de terre rectangulaire, couvert de morceaux d'écorce (bark) de bruyère (un point de colle sous chaque écorce) prend un petit air exotique !

---

1. Which items are needed to make the holder? Tick as necessary. (3 items)

| sellotape | ☐ | a ruler | ☐ | green moss | ☐ | old papers | ☐ |
| a hammer | ☐ | a glue brush | ☐ | empty tins | ☐ | magazines | ☐ |

2. Where can you get a handy cardboard roll?

3. What do they propose you do with the empty tin? (Section A)

4. Name two possible coverings for the holder. (Section A)

5. What covering is suggested for an earthenware pot? (Section B)

6. Explain how the bark should be secured on the rectangular container. (Section C)

7. What look is achieved according to the instructions here? (Section C)

Unité 12

La science et les inventions

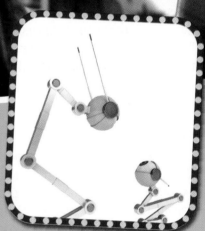

- Famous French inventors and inventions
- The pros and cons of scientific progress
- Matching inventors with their inventions
- Inventions and the stories behind them
- Strange but true scientific inventions
- Postcard on winning a science trip
- Fun science-related articles
- Do you speak SMS?
- Brochures to help with computer problems

Grammaire

GRAMMAIRE

Le conditionnel.

Oral work

PARLEZ Studying science for the Leaving Cert; favourite inventions; Marie Curie.

- Doing the ECDL and learning to design a web page.
- Winning a prize in the Young Scientist of the Year exhibition.
- Winning a bursary to study science in Philadelphia for a term.

Website

WEB
www.science.gouv.fr
www.techno-science.net
www.science-et-vie.com
www.visiblebody.com
www.cite-sciences.fr

12.1 La science et les inventions

Les Français ont toujours été fascinés par la science et adorent les nouvelles inventions. Ils apprécient toutes les inventions qui font partie de notre <u>vie quotidienne</u> comme l'électricité, la voiture, la télévision, les ordinateurs etc. Nous comprenons mieux l'origine de la vie et ses secrets, et les progrès scientifiques permettent à nos astronautes d'explorer l'univers dans lequel nous vivons.

Les inventions

Les Français ont impressionné le monde entier avec leurs inventions et leur économie est devenue la quatrième plus forte au monde après les États-Unis, le Japon et l'Allemagne. Considérons l'A380, le géant des airs – le plus gros avion commercial du monde avec 800 passagers et avec assez de place pour garer 70 voitures sur les ailes et qui peut faire 15 000 kilomètres <u>sans escale</u>. Le TGV, le Train à Grande Vitesse, a révolutionné le monde du train ainsi que l'Eurostar avec son tunnel sous la Manche qui relie la France et l'Angleterre. La France est aussi responsable d'une grande réussite dans la construction des métros et le Mexique, Montréal, Le Caire (*Cairo*), Athènes et Rio ont tous des métros français.

Les voitures

L'industrie automobile française est dynamique et les noms de Renault et Peugeot-Citroën sont connus dans le monde entier. Ils exportent plus de 50% de leur production. Ils sont omniprésents dans la compétition sportive. Peugeot excelle dans les rallyes automobiles et Renault dans le monde de la Formule 1. <u>La marque</u> Michelin est le deuxième constructeur mondial de pneumatiques et aide à <u>la réussite</u> de cette industrie.

La communication

<u>Au début des années 80</u>, le Minitel a été installé chez six millions de Français. C'était une sorte d'ordinateur qui leur offrait la possibilité de commander un billet de train ou d'avion, d'acheter des choses et de s'inscrire à l'université – une sorte d'ordinateur avant l'ère des ordinateurs ! Aujourd'hui, Vivendi Universal avec France Télécom, le deuxième groupe de communication dans le monde, regroupe les activités de téléphone, d'Internet et de télévision.

Lexique

la vie quotidienne	*daily life*
sans escale	*without stopping*
la marque	*the brand*
la réussite	*the success*
au début des années 80	*at the beginning of the 80s*

La science et les inventions

ÉCRIVEZ

Complete the following sentences:

1. French people love ....
2. .... are examples of inventions that change our daily lives.
3. Scientific progress allows astronauts to ....
4. In world ranking as regards science, France ....
5. The A380 is ....
6. The TGV is ....
7. There are French métro systems in ....
8. The brands .... are French cars.
9. Minitel was ....
10. France Télécom is ....

ÉCOUTEZ

12.2A En classe de science, Victor et Louise donnent leur opinion sur le progrès scientifique. Listen to their opinions and fill in the grid below.

Student	What they think about scientific progress
Victor	
Louise	

12.2B Et vous?

PARLEZ

Quelle sont vos opinions sur le progrès scientifique ?

1. Vous croyez que la science est utile ? *Je crois ...*
2. Citez quelques inventions positives. *Il y a ...*
3. Citez quelques inventions négatives. *Il y a ...*
4. Citez vos inventions préférées. *Moi, je préfère ...*
5. Pensez-vous que la science ait fait plus de bien que de mal (Pierre Curie) ?

> **Mémo**
>
> A lot of the words you are likely to use concerning science are feminine:
> **la** science, **la** biologie, **la** chimie, **la** physique.

12.3A Connaissez-vous des inventeurs francophones ?

Lisez les découvertes des inventeurs et les savants. (Utilisez votre ordinateur si nécessaire !)

Match the inventor with his or her invention in the grid below.

1. Louis Pasteur (en 1865 et 1885)
2. Les frères de Montgolfier (en 1783)
3. André Marie Ampère (en 1826)
   Pensez au mot AMP !
4. Docteur Guillotin (en 1790)
5. Pierre et Marie Curie (en 1898)
6. Antoine Sax (en 1840 / 1841)
7. Luc Montagnier (en 1983 / 84)
8. Les frères Lumière (en 1894)
9. Nicolas Conté (en 1795)
10. Henri Becquerel (en 1896)

A. le ballon à air chaud
B. les premiers films
C. le saxophone
D. découverte sur les microbes et vaccin contre la rage (rabies)
E. a découvert le virus du SIDA (AIDS)
F. un instrument d'exécution
G. le radium
H. l'électromagnétisme
I. les crayons
J. la radioactivité

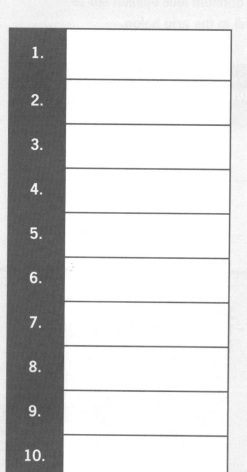

1.	
2.	
3.	
4.	
5.	
6.	
7.	
8.	
9.	
10.	

Louis Pasteur

Pierre et Marie Curie

Les frères Lumière

12.3B Who invented what?

You no doubt worked out that Dr Joseph Guillotin invented the execution machine but do you know the circumstances of its invention? Read these really interesting articles.

Doctor Joseph Guillotin and his killing machine

During the 1700s executions in France were public events. A poor criminal was usually quartered – he was painfully pulled apart by having his limbs tied to four different oxen driven in four different directions. Richer people were hung or beheaded. Dr Guillotin was shocked by such cruelty and was part of a movement to abolish the death penalty so he invented the killing machine named after him. Actual beheading takes 2/100ths of a second and the time for the guillotine blade to fall down to where it stops is 1/70th of a second! The guillotine was extensively used during the French revolution and ironically Louis XVI was publicly guillotined in 1793.

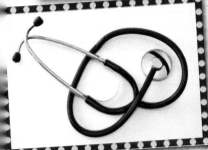

Dr Laënnec and the stethoscope

The French physician RTH Laënnec is considered to be the father of chest medicine. One day in 1816, he noticed street urchins listening to the sound of a pin scratch being transmitted through the length of a wooden beam. Laënnec was then inspired to make a paper tube to listen to the chests of his patients.

Louis Braille and his alphabet for the blind

Louis Braille was blinded as a result of an accident at the age of three. He was sent to the Paris Blind School in 1819 but he desperately wanted to read. His urge to unlock the outside world for himself and others led to the invention of Braille, a system of raised dots that is read with the fingers. Braille is adapted to almost every known language from Arabic to Zulu.

Blaise Pascal and the calculator

Blaise Pascal was one of the most reputed mathematicians and physicists of his time. Perhaps what is most amazing about him was that he was only 12 years of age when he produced a study on the communication of sounds and in 1642, at the age of eighteen, he invented the first calculator to help his father, a French tax collector, count his taxes.

Blaise Pascal and the calculator

12.3C Are you inspired?

There are so many more interesting and wonderful inventions. Like Jacques Cousteau and Émile Gagnan who invented the Aqualung, or something novel like Jacques Heim and Louis Réard, the creators of the modern bikini.

ÉCRIVEZ

Faites vos propres recherches sur les inventions françaises ou peut-être comme Clara, vous pourriez faire un document que vous pourriez utiliser pendant votre épreuve orale au Leaving Cert.

ÉCOUTEZ

PARLEZ

12.4 Clara fait son épreuve orale

Pendant son année de transition, Clara fait une épreuve orale pour son prof de français. Comme elle adore la science, elle parle de ses projets scientifiques.

Vous aimez la science, n'est-ce pas Clara ?
Oui. C'était ma matière préférée au Brevet et c'est pourquoi je voudrais devenir médecin, si je réussis à obtenir assez de points dans mon Bac. J'ai l'intention d'étudier trois matières scientifiques pour mon Bac, la biologie, la physique et la chimie.

Alors, votre document est très intéressant, Clara.
Je vous remercie, Madame.

Laquelle des trois préférez-vous ?
La biologie, parce que j'aime les expériences en laboratoire et je crois que la biologie sera la matière la plus importante pour mes études dans le futur.

C'était difficile pour elle d'être une femme ?
Très, même si elle était la première personne à gagner deux Prix Nobel, elle n'a pas été reconnue par l'Académie parce qu'elle était une femme.

Quelle est votre invention préférée ?
Je reste très attachée à mon portable et mon MP3. Je ne peux pas imaginer ma vie sans eux. Mais j'admire Marie Curie avec son mari Pierre ; ils ont découvert le radium. Ils ne l'ont pas breveté (*patented*) en disant que c'était une invention pour le monde entier.

Pouvez-vous décrire sa vie ?
Elle est née avec le nom de Maria en Pologne dans une famille d'enseignants. C'était des gens très cultivés. Dans ce pays, les filles étaient bannies de l'Université. Maria et sa sœur ont travaillé dur pour se procurer assez d'argent pour aller étudier à Paris. En arrivant à Paris à l'âge de 24 ans, elle a d'abord perfectionné son français et elle a changé son nom pour la version française : Marie. Elle s'est mariée avec Pierre, et ils ont travaillé ensemble. Extrêmement organisée, elle s'est occupée du ménage, de l'éducation de ses enfants et de ses recherches au laboratoire.

Le radium, c'est dangereux ?
Oui et Marie a été la première personne à en mourir par empoisonnement. On ne savait pas à cette époque que c'était dangereux.

Vous avez préparé un document sur Marie Curie ?
Je l'admire beaucoup parce que je crois qu'elle a vécu dans les années 1880 au rythme des « superwomen ». Elle avait tout : famille, travail et indépendance.

Mémo

For advice on doing a document see page 195.

12.5 Incroyable mais vrai !

Intelligent toilets

1. (i) Say why these toilets are called 'intelligent'

_____

(ii) What does the green light refer to?
a) they are illuminated for use by a female.
b) no-one is using them.
c) they are ready to be cleaned.
d) they are being used at night-time.

A trip to space for the holidays!

2. (i) What nationality is Steve Bennett?

_____

(ii) How much will a trip into space cost?

_____

Stolen phone!

3. (i) What was this student studying?

_____

(ii) What did he do?

_____

(iii) How was he discovered?

_____

Saved by his mobile!

4. (i) What was Mathew Stevens doing when he was bitten by a
dangerous spider?

_____

(ii) How were experts able to identify the species of the spider?

_____

Eight years old and paid to play on the Net

5. At what age did this young expert start to play seriously?

_____

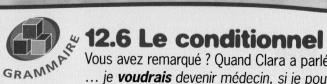

12.6 Le conditionnel

Vous avez remarqué ? Quand Clara a parlé, elle a dit :

> ... je **voudrais** devenir médecin, si je pouvais obtenir assez de points dans mon Leaving Cert ...

The verb in bold print is in the conditional tense (*le conditionnel*).

1. The meaning of the conditional

The conditional translates as **would**, for example :

je voudrais = *I would like to*
je pourrais = *I could (I would be able to)*

2. The rule for forming the conditional

The rule for forming the conditional is really easy. You take the stem from the future tense and take the endings from the imperfect. The conditional is a cross between these two tenses.

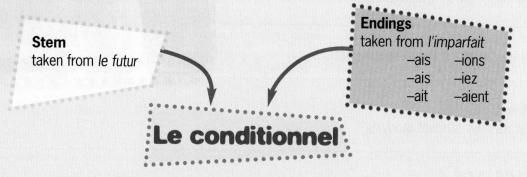

Stem
taken from *le futur*

Endings
taken from *l'imparfait*

–ais	–ions
–ais	–iez
–ait	–aient

Le conditionnel

Mémo

See the future tense on pages 150–151
See the imparfait tense on pages 102–103

futur →	stem	+	endings	=	conditionnel	
je regarderai	regarder	+	ais	=	je regarderais	(I would watch)
je bâtirai	bâtir	+	ais	=	je bâtirais	(I would build)
je rendrai	rendr	+	ais	=	je rendrais	(I would give back)
j'irai (irregular)	ir	+	ais	=	j'irais	(I would go)
je serai (irregular)	ser	+	ais	=	je serais	(I would be)

3. Regular verbs in the conditional

For regular verbs, the stem of the conditional (like the stem of the future tense) is taken from the infinitive of the verb. Drop the final **e** from the infinitive of **–re** verbs.

The following are the three main regular groups of verbs:

chanter (to sing)	**bâtir (to build)**	**prendre (to take)**
je chanterais	je bâtirais	je prendrais
tu chanterais	tu bâtirais	tu prendrais
il chanterait	il bâtirait	il prendrait
elle chanterait	elle bâtirait	elle prendrait
on chanterait	on bâtirait	on prendrait
nous chanterions	nous bâtirions	nous prendrions
vous chanteriez	vous bâtiriez	vous prendriez
ils chanteraient	ils bâtiraient	ils prendraient
elles chanteraient	elles bâtiraient	elles prendraient

4. Irregular verbs

You will remember that a number of irregular verbs have unusual stems in the future tense. Use the same stems when forming the conditional.

être	– je serais (I *would be*)	vouloir	– je voudrais (I *would like*)
faire	– je ferais (I *would do or make*)	devoir	– je devrais (I *would have to*)
avoir	– j'aurais (I *would have*)	recevoir	– je recevrais (I *would receive*)
savoir	– je saurais (I *would know*)	aller	– j'irai (I *would go*)
venir	– je viendrais (I *would come*)	voir	– je verrais (I *would see*)
tenir	– je tiendrais (I *would keep/hold*)	pouvoir	– je pourrais (I *would be able to*)

ÉCRIVEZ

Exercice

Mettez les verbes suivants au conditionnel :

1. je (travailler) _____

2. on (vouloir) _____

3. il (arranger) _____

4. nous (préparer) _____

5. elle (pouvoir) _____

6. vous (trouver) _____

7. ils (venir) _____

8. elles (finir) _____

9. je (regarder) _____

10. tu (faire) _____

12.7A La science en transition

Andrew, Holly and **Evan** sont en année de Transition et ils ont pris le temps de nous expliquer ce qu'ils ont fait en science cette année.

Listen carefully and fill in as much information as you can in the grid below.

Student Names	Science-related activity done in Transition Year
Andrew	
Holly	
Evan	

12.7B Carte postale

Imagine that like Evan or Holly you won the prize of a trip abroad because of your scientific achievements. Write the postcard as indicated below.

- You arrived in America and are going to Boston University.
- The final of the competition will be on tomorrow.
- You would love to win a prize.
- You are meeting people from all over the world.
- The weather is sunny.

Mémo

la finale du concours	the final of the competition
rencontrer	to meet
partout dans le monde	everywhere in the world

12.8 Les articles scientifiques

LISEZ

Le guide du musulman dans l'espace
Pas facile d'être un bon musulman dans le cosmos. Pour pouvoir prier cinq fois par jour en direction de La Mecque, encore faudrait-il savoir où elle se trouve ! La Malaisie, dont un ressortissant astronaute vient d'embarquer, le 10 octobre dernier, à bord de la Station spatiale internationale, a trouvé une solution : elle a publié le premier guide destiné aux musulmans dans l'espace. Ce petit livret de dix-huit pages explique comment pratiquer ses ablutions, jeûner dans l'espace ou déterminer la direction de La Mecque et les heures de prière. Ce guide devrait prochainement être traduit en anglais, en russe et en arabe.

9 000 $
Un Canadien furieux de découvrir son fils de 15 ans en train de fumer de la marijuana a mis aux enchères sur Internet le cadeau de Noël qui lui était destiné, un jeu vidéo collector d'une valeur de 90$ qui a trouvé preneur à 9000$. Il a décidé de vendre le cadeau tant convoité afin de le punir et de le décourager de fumer de l'herbe euphorisante.

429 milliards de SMS
L'Inde et la Chine ont rejoint en 2006 le Brésil et la Russie au rang des pays moteurs de la croissance du secteur de la téléphonie mobile. Les Chinois sont pour leur part les plus gros consommateurs de SMS, avec un total de 429 milliards de messages envoyés, soit l'équivalent de 967 messages par utilisateur ! En Inde, le nombre de nouveaux abonnés à la téléphonie mobile a doublé sur cette période pour atteindre 150 millions. A titre de comparaison, le nombre total d'utilisateurs de téléphones portables en Grande-Bretagne s'élève à 70 millions.

1. Mention two pieces of advice intended for Muslims in space.

   (a) _____

   (b) _____

2. (a) Why was the Canadian man furious with his son?_____

   (b) What punishment did he give him?_____

   (c) What was the result of this punishment? _____

3. (a) What record do Indians, Chinese, Brazilians and Russians hold? _____

   (b) To what does the figure 967 refer to?_____

   (c) What is the total number of mobile phone users in Great Britain?_____

ÉCRIVEZ

12.9 Parlez-vous SMS ?

Le langage SMS permet aux jeunes d'écrire un maximum de choses dans un seul message et d'aller plus vite. Mais les abréviations peuvent être difficiles au début. Parfois, il faut lire le message plusieurs fois pour le comprendre, mais on s'habitue. On comprend aussi en lisant les SMS des autres.

Étudiez cette petite leçon et essayez de déchiffrer les messages ci-dessous.

Leçon en SMS
It is based mainly on sounds:

G	= J'ai
k	= qu'
qch	= quelque chose
keske	= qu'est-ce que ?
pr	= pour
ght	= j'ai acheté
ckoi	= C'est quoi
A +	= à plus tard
Je t'm	= Je t'aime
A 2m1	= À demain
la kase	= la maison

Abbreviations are also used:

stp = s'il te plaît

Figure out the following messages and say what each means in English.
Exemple : T'où ? = Tu es où ?

1. Ça va pa. chui k o
2. Je t'm
3. A +
4. Appel moi pr k on puisse causer
5. G 1h d retar
6. a2m1
7. G qch pr toi !
8. Koi 29 ? keske tu fais 2m1
9. Chui bloké ds réu jeunémar
10. Doi faire hrs sup. c pa kool

a) J'ai quelque chose pour toi !
b) J'ai une heure de retard.
c) Je suis bloqué dans une réunion. J'en ai marre !
d) Je dois faire des heures supplémentaires. Ce n'est pas sympa !
e) Ça ne va pas. Je suis épuisé(e).
f) À plus tard.
g) Je t'aime.
h) Quoi de neuf ? Qu'est-ce que tu fais demain ?
i) À demain.
j) Appelle-moi pour qu'on puisse se parler.

1	2	3	4	5	6	7	8	9	10

Mémo

For a nice exercise on getting your computer repaired see www.edco.ie/ty

L'argent ne fait pas le bonheur !

Mais il y contribue !!!

- The wealth of different countries
- The richest people in the world
- Interview with Bill Gates
- Crazy money-related news items
- Money-related vocabulary
- A financial advisor tells us how to get value for money
- Money-related activities in transition year
- Magazine articles about money
- Does money bring happiness?
- More crazy financial news items!

Website

WEB

http://fr.wikipedia.org/wiki/Riche
www.gatesfoundation.org

Oral Work

PARLEZ

Pocket money; being short of money; is money important?
The problems of young people getting on the property ladder.
Winning the lottery.

GRAMMAIRE

Grammaire

Si (if) clauses.

13.1 L'argent ne fait pas le bonheur !

Le pays le plus riche du monde est le Luxembourg avec un revenu moyen de 41 950 dollars par an et par habitant. Les pays les plus pauvres sont l'Éthiopie et la République du Congo avec un revenu de seulement 100 dollars par habitant. C'est-à-dire que les gens qui habitent dans ces pays pauvres vivent avec ce que coûte un paquet de chewing gum par jour. Ceux qui habitent dans les pays en voie de développement (autrement appelés le tiers monde) dépensent en un mois ce qu'une famille américaine paie pour manger un repas familial – hamburger, frites, hotdogs dans un fastfood !

Les grandes puissances économiques mondiales sont les États de l'Union européenne et la France occupe la 6ème place.

Le Brésil est l'état qui a la plus grande dette. Les États-Unis est le pays qui dépense le plus d'argent pour l'aide internationale. La France et l'Irlande donnent leur part aussi et le chanteur Bono de U2 a mené une campagne pour essayer de persuader les pays industrialisés d'effacer la dette des pays pauvres. Selon les sondages, il y a 842 millions de personnes qui souffrent de la famine et de la malnutrition dans le monde.

La France est un pays qui importe et exporte beaucoup. Les produits exportés sont des produits industrialisés et manufacturés, des moyens de transport, des autos, des bateaux, des avions, des trains et des services (les banques, l'assurance, et la formation). Elle importe du gaz et du pétrole principalement. La France est parmi les leaders du commerce européen, deuxième au point de vue mondial et elle est la première destination touristique mondiale devant les États-Unis.

Warren Buffet est le multimilliardaire le plus riche au monde avec une fortune estimée à 48 milliards de dollars. Bill Gates, président de Microsoft, se trouve en deuxième place et Liliane Bettencourt, héritière de l'empire cosmétique L'Oréal est considérée comme la femme la plus riche d'Europe.

Lexique

le bonheur	*happiness*
un revenu moyen	*average income*
les pays en voie de développement	*developing countries*
dépense	*spends*
la formation	*training*

Rich and poor

1. What is the wealthiest country in the world? _____

2. What is the average income of someone living in the Republic of Congo? _____

3. What will the price of a family meal in America buy someone in the developing world? _____

4. What is the largest economic power in the world? _____

5. What country has the highest debt in the world? _____

6. What country spends most on foreign aid? _____

7. What has Bono tried to encourage rich countries to do? _____

8. What is France's position as regards tourism? _____

9. To what does the figure 48 refer to? _____

10. How has Liliane Bettencourt come into money? _____

13.2 Bill Gates

Bill Gates is reputed to be the second wealthiest man in the world as regards his personal fortune. Bill and his wife Melinda hold the world record for private charitable donations, having paid 6 billion dollars into the Bill and Melinda Gates Foundation, the biggest charity in the world.

Listen to this interview with Bill and answer the following questions:

1. When did Bill start to become interested in computers? _____

2. What computer-related activities did he do with his friends in Seattle? _____

3. What is his greatest source of pride? _____

4. What is the most important thing to do according to Bill? _____

5. Why is it so important to like what you do? _____

ÉCOUTEZ

13.3 Incroyable mais vrai !

Coke on euronotes!

1. How much coke (in micrograms) was found on the French notes?

_____

2. How much was found on the German euro notes?

_____

Money in his dreadlocks!
3. In what country did this happen?_____

4. What was the inmate's excuse? _____

Being paid to read!
5. How much are the children in this Spanish village being paid? _____

ÉCRIVEZ

13.4 Comment acheter à prix cassés toute l'année ?

Michel Mathieu is a former tax inspector (*ancien inspecteur des impôts*) and a financial adviser (*conseiller financier*), and he gives us advice on how to get good value for your money. Read this advice and fill in the blanks with the words below.

web	bonnes affaires	carte de crédit	d'occasion	dépenser
tarifs	prix	acheter	magasins	promotions

_____ bien en faisant des économies, c'est idéal mais vous devez suivre les bonnes pistes. Première règle, comparez soigneusement les _____ . Pour un même article, la différence peut être énorme. Cherchez les _____ . Pourquoi ne pas _____ d'occasion ?

 Si vous aimez les jeux vidéos par exemple les boutiques spécialisées dans la vente _____ comme « Score Games » à Paris vend des consoles dont le _____ varie de 40 à 70% par rapport au prix neuf avec une garantie de dix ans.

N'oubliez pas non plus le cybershopping où il y a toujours de _____. A visiter en particulier les sites qui comparent le prix de millions d'articles sur le _____ et fournissent une liste des réductions par rapport aux prix pratiqués dans les _____ traditionnels. On peut acheter en utilisant sa _____ .

13.5 Vocabulaire financier

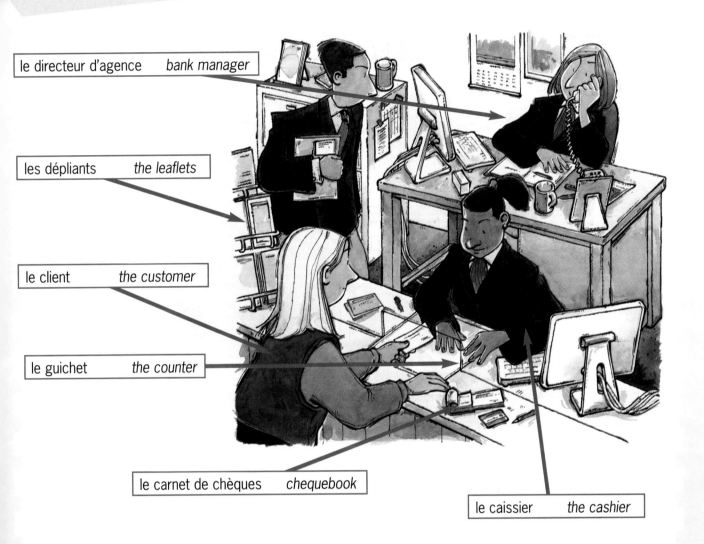

le directeur d'agence — *bank manager*

les dépliants — *the leaflets*

le client — *the customer*

le guichet — *the counter*

le carnet de chèques — *chequebook*

le caissier — *the cashier*

La banque

le compte bancaire	*bank account*
le numéro de compte	*account number*
la carte de crédit	*credit card*
le chèque	*cheque*
le talon	*cheque stub*
toucher un chèque	*to cash a cheque*

Les transactions financières

le prêt	*loan*
le compte d'épargne	*savings account*
faire des économies	*to save*
le taux d'intérêt	*interest rate*
les frais bancaires	*bank charge*
le code secret	*pin number*
le distributeur	*cash machine*
l'écran	*screen*

Les devises étrangères

le bureau de change — *bureau de change*

le chèque de voyage — *traveller's cheque*

le taux de change — *exchange rate*

La finance

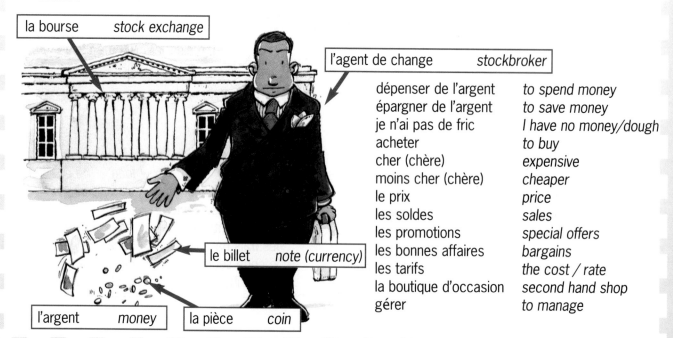

la bourse — *stock exchange*

l'agent de change — *stockbroker*

le billet — *note (currency)*

l'argent — *money*

la pièce — *coin*

dépenser de l'argent	*to spend money*
épargner de l'argent	*to save money*
je n'ai pas de fric	*I have no money/dough*
acheter	*to buy*
cher (chère)	*expensive*
moins cher (chère)	*cheaper*
le prix	*price*
les soldes	*sales*
les promotions	*special offers*
les bonnes affaires	*bargains*
les tarifs	*the cost / rate*
la boutique d'occasion	*second hand shop*
gérer	*to manage*

13.6 L'argent en année de transition

ÉCOUTEZ

Ally, Dylan and Ella have all done financial activities during their Transition Year. Listen to what they did and answer the following questions:

Ally

1. What is Ally's favourite subject at school?_____

2. What would she like to do later on in life?_____

3. What case study fascinated Ally and her class?_____

Dylan

4. Describe Dylan's mini-company._____

5. How much did he charge for this service?_____

6. How much profit did each member of his company make?_____

Ella

7. When was the law regarding Sunday trading in France passed?_____

8. What percentage of the week's trading tends to be done on Sunday?_____

9. What fundamental right does Ella feel that we all should have?_____

10. What solution does she suggest?_____

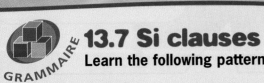

13.7 Si clauses

GRAMMAIRE

Learn the following pattern concerning the use of si (*if*) clauses.

Si with the **présent** tense is followed by the **futur**.
Exemple: Si elle **est** à court d'argent, je lui en **donnerai**.

Si with the **imparfait** tense is followed by the **conditionnel**.
Exemple: Si elle **était** à court d'argent, je lui en **donnerais**.

Traduisez les phrases suivantes :

1. If I win the money I will change my life._____

2. If I won the money I would change my life._____

3. If I open a bank account I will save for a second-hand car._____

4. If I opened a bank account I would save for a car._____

5. If I cash the cheque I will go on holidays._____

6. If I cashed the cheque I would go on holidays._____

PARLEZ

ÉCOUTEZ

13.8A Rebecca fait son épreuve orale

Pendant son année de transition, Rebecca fait une épreuve orale pour son prof de français. Pendant l'épreuve, le prof lui a posé des questions sur l'argent.

Bonjour Rebecca, vous recevez de l'argent de poche ?
Mes parents me donnent 10 euros chaque samedi mais je dois les aider un peu à la maison en échange.

Imaginez Rebecca. Que feriez-vous si vous gagniez le gros lot ?
Je m'achèterais une jolie maison et une nouvelle voiture. Je m'achèterais beaucoup de vêtements très chic et je partirais en vacances en Australie avec mes amis car mon frère habite Sydney. En plus, je donnerais de l'argent aux pauvres et aux défavorisés.

Avez-vous une carte de crédit ?
Absolument pas ! Je suis beaucoup trop jeune. J'ai un compte en banque et mes parents y versent mon argent de poche chaque semaine. En plus mes parents sont assez généreux à Noël et pour mon anniversaire.

Est-il difficile pour un jeune de s'acheter un appartement ?
Très difficile. Ils sont les plus touchés par le prix des maisons. Certains sont obligés de rester chez leurs parents. C'est difficile pour les jeunes et aussi pour les parents.

Que faites-vous quand vous n'avez plus d'argent ?
Je n'emprunte pas à des amis car ça peut créer des problèmes si on n'arrive pas à les rembourser. Les bons comptes font les bons amis. Quand je suis à court d'argent, je demande à ma sœur. Elle a 26 ans et elle travaille.

Vous avez un petit boulot ?
Pas encore. Je n'ai que 16 ans. Peut-être l'année prochaine. En ce moment, je gère mon argent. J'ai assez d'argent pour sortir avec mes copains le samedi soir et pour acheter des cartes pour mon portable, des CD et des magazines.

L'argent est important pour vous, Rebecca ?
L'argent est important dans notre société. Je ne suis pas trop dépensière mais je n'aime pas être à court d'argent quand même. Je ne rêve pas de devenir riche mais dès que j'aurai mon permis de conduire, je mettrai de l'argent de côté pour m'acheter une voiture d'occasion. Mais ça sera difficile de pouvoir m'acheter un appartement plus tard.

PARLEZ

13.8B Et vous ?

1. Recevez-vous de l'argent de poche ? *Je reçois … Ma mère me donne …*
2. Avez-vous un compte en banque ? *J'ai … / Je n'ai pas …*
3. Que faites-vous quand vous n'avez plus d'argent ? *Je …*
4. Avez-vous un petit boulot ? *J'ai … / Je n'ai pas …*
5. L'argent est-il important pour vous ? *Il est … / Il n'est pas …*
6. Que feriez-vous si vous gagniez le gros lot ?

13.9 Les articles sur l'argent

Read the following articles about money and answer the questions.

Ah si j'étais riche !

Trouver un sac avec 250 000 livres sterling peut donner des idées à Damien et Anthony, deux frères de 10 ans, qui n'en manquent pas ! Une histoire originale qui tient en haleine dès la première page, une écriture fluide, des personnages qui ont autant d'humour que d'argent. « Millions » est un roman énergique et drôle, doublé d'une satire corrosive de la société de consommation.

« Millions » de Frank Cottrell Boyce, éd. Gallimard Jeunesse, 11€. Dès 13 ans.

1. What is the central idea in this book?
2. What word in French is used to indicate that the book is well written?
3. How is the book described? (In English)

Un pourboire au grattage

La scène se passe dans un bar de Sarajevo (Bosnie-Herzégovine). En guise de pourboire, un homme qui n'a plus de monnaie, laisse finalement un ticket de grattage à la serveuse. La jeune femme gratte le jeu et … coup de chance ! empoche 512€, l'équivalent de trois mois de salaire. Bon prince, le généreux donateur lui a laissé l'intégralité de ses gains. Il avait acheté le ticket 50 centimes d'euro.

4. Why did the man leave a scratch card as a tip?
5. How do you know that the sum of money won by the waitress meant a lot to her?

Les pompes à essence étaient piégées.

Dans la région de Verdun, 300 personnes ont eu la mauvaise surprise de constater que leurs comptes ont été pillés de quelques centaines à quelques milliers d'euros. Point commun ? Les victimes s'étaient rendues dans plusieurs stations-service automatiques dont le système de lecture de cartes bancaires était piégé. Un appareil installé frauduleusement permettait aux escrocs d'enregistrer les données des cartes bancaires des clients. Une fois ces données récupérées, ils confectionnaient de fausses cartes pour débiter de vrais comptes. Des prélèvements ont été effectués en Grèce, Italie et Afrique du Sud. L'enquête s'oriente vers la Grèce, où six Français ont été interpellés en possession de 320 cartes bancaires piratées.

6. What did the 300 people discover?
7. How was the fraud carried out?
8. Name two countries mentioned in the article.

Note

See www.edco.ie/ty for more articles

13.10 Et vous ?

1. Si vous avez beaucoup d'argent, que feriez-vous ?
2. Changeriez-vous votre façon de vivre ?
3. Achèteriez-vous quelque chose d'extravagant ?

Mémo

For help with the conditionnel tense see pages 162 and 163

Qu'est-ce que vous en pensez ?

L'argent fait-il le bonheur ?

13.11 Incroyable mais vrai !

The rich beggar

1. What did the police do?

_____

2. What did they find in the beggar's living quarters?

_____

The face of Hitler

3. What type of business is mentioned here?

_____

4. What was their 'persuasive' way of making their debtors pay up?

_____

Taxi for a rock star

5. What city is mentioned here?

_____

6. What did the mayor do?

_____

7. What was the result of his experiment?

_____

Transition Extra !

- Europe quiz
- The 7 Wonders of the World
- Important events and their dates
- L'hexagone de la France
- French words borrowed into English
- French words from other languages
- Familiar slang
- Franglais and Guillotined French
- Word patterns
- Transition Extra reveals. Great gossip!
- Where to shop in France
- Under 18s discos!
- Your daily routine
- The jury played sudoku
- Email: arranging your twin school's visit
- Letter: arranging a term at a French school
- Postcard: a weekend with friends
- Message: note to French teacher
- Journal intime: persuading your parents

WEB

Website
www.sephora.fr/
www.flunch.fr/
http://fleursetendances.com

Note
Lots of extra activities can be found on www.edco.ie/ty

Petit quiz de Jamie

Extrait du **petit quiz** de Jamie (unité 1) **sur l'Union européenne**.
À deux ou en groupe (ou seul si vous le préférez), faites le petit quiz de Jamie.

1. La Communauté européenne (appelée la CECA – la communauté européenne du charbon et de l'acier) a été créée en …

2. Citez les six pays qui forment la première CE.

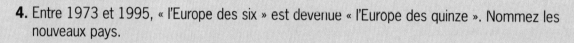

3. Six ans après, les six pays ont signé quel traité pour devenir un marché commun ?

4. Entre 1973 et 1995, « l'Europe des six » est devenue « l'Europe des quinze ». Nommez les nouveaux pays.

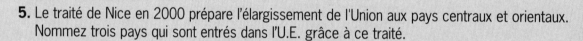

5. Le traité de Nice en 2000 prépare l'élargissement de l'Union aux pays centraux et orientaux. Nommez trois pays qui sont entrés dans l'U.E. grâce à ce traité.

6. L'Europe a son drapeau et aussi son hymne. C'est l'ode à la joie, composée par :
   a) Mozart
   b) Bach
   c) Beethoven

7. Nous utilisons des euros depuis quelle année ?

8. Quelle langue parle-t-on en Grande-Bretagne ?

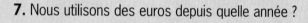

9. Quelles sont les capitales de ces pays : la Hongrie, l'île de Malte, la Finlande, le Danemark, la Bulgarie ?

10. Trouvez les noms des neuf pays les plus proches des frontières de la France.

Les sept nouvelles merveilles du monde

Parmi les sept merveilles du monde figuraient le phare d'Alexandrie, le colosse de Rhodes et la pyramide de Khéops. En 2007, une fondation a dressé une nouvelle liste. Resituez chacune de ces nouvelles merveilles.

1. La Grande Muraille.
2. La cité de Pétra.
3. La statut du Christ rédempteur.
4. Le Machu Picchu.
5. Chichén Itzá.
6. Le Colisée.
7. Le Taj Mahal.

a. Jordanie, Arabah.
b. Pérou, Cuzco.
c. Mexique, dans le Yucatán.
d. Inde, Agra.
e. Chine, Pékin.
f. Italie, Rome.
g. Brésil, Rio de Janeiro.

1	2	3	4	5	6	7

La bonne date
Liez l'événement avec la date correcte :

1945, 2009, 1963, 1865, 1957, 1969

1. En _____ le président John Fitzgerald Kennedy a été assassiné à Dallas, Texas.

2. En _____ Neil Armstrong a été le premier homme à marcher sur la lune.

3. En _____ le président Lincoln a déclaré l'abolition de l'esclavage.

4. En _____ Barack Obama a été inaugré le premier président noir des États-Unis.

5. En _____ la Deuxième Guerre mondiale s'est terminée.

6. En _____ le Traité de Rome a fondé l'Union européenne.

L'hexagone

La France, comme vous pouvez le voir, ressemble à un hexagone. À l'aide de votre atlas, répondez aux questions suivantes :

A. Situez sur la carte les mers et les pays indiqués.

- la Mer Méditerranée
- l'Espagne
- la Manche
- l'océan Atlantique
- l'Allemagne, la Suisse et l'Italie
- la Belgique / le Luxembourg

B. Mettez les montagnes sur la carte selon les numéros indiqués.

le Jura   les Pyrénées   les Alpes et le Mont Blanc   le Massif Central

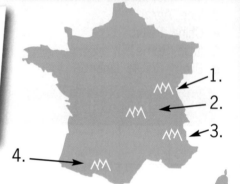

C. Les fleuves. Répondez aux questions.

1. C'est le fleuve le plus long en France et il sépare le nord et le sud de la France. _____

2. Quel fleuve traverse Paris ? _____

3. C'est le fleuve qui forme la frontière entre la France et l'Allemagne. _____

D. Donnez les noms de chaque ville selon les numéros indiqués sur la carte.

1. ....   4. ....

2. ....   5. ....

3. ....   6. ....

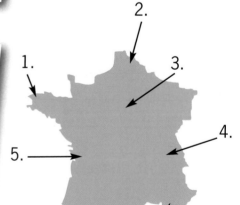

Close connections

Over the years, the English language has borrowed a great number of French words and expressions. Some of this vocabulary has been so completely absorbed by English that speakers might not realise its origins.

When William the Conqueror (Duke of Normandy in France) became King of England after invading in 1066, French took over as the language of the court, of administration and of culture – and stayed there for 300 years! Meanwhile, English was 'demoted' to everyday use. These two languages existed side by side in England with no noticeable difficulties.

During this Norman occupation, about 10,000 French words were adopted into English, some three-quarters of which are still in use today.

More than a **third** of all English words are derived directly or indirectly from French, and it's estimated that English speakers who have never studied French already know 15,000 French words.

ÉCRIVEZ

Work out the words below. The dashes indicate the number of letters required. Fill in and answer questions as required.

d _ _ _ _   'a covering of feathers' (in Ireland we use this word to describe a cover/quilt for our bed)

à la c _ _ _ _   'on the menu'

à _ _ _ _ _   'in fashion, style'

au _ _ _ _   'at par' (person who works for a family, cleaning and/or teaching the children, in exchange for room and board)

b _ _ a _ _ _ _ _ _   'good appetite' (the closest English equivalent is 'enjoy your meal'). Don't pronounce the last t of appétit.

_ _ n v _ _ _ _ _   'good trip' (the technical translation is 'good journey' – but we don't say this in English)

br _ _ _ _ _ _   'small, dark-haired female'

bon appétit

c'est la _ _ _	'that's life'
c_ _c	'stylish'
c_ _-de-s _ _	'bottom (bum) of a bag' ☺ *A bit rude this!*
dé_ _ _ _ _ _(e)	'beginner'. In Ireland we abbreviate this word to 'the . . . .' when we refer to the dance at the end of 6th year.
_ _ _ _ vu	'already seen'. Something that has happened already.
fiancé(e)	person who is _____
g _ _ _ _	type or kind. Often used to describe a literary type or kind.
_ _ _ _i g_ _	celebration before Lent. We call it Shrove Tuesday.
_ _ _ _ _ _m_ _ _é	'chewed p_ _ _ _' ☺ *for making puppets.*
petit(e)	s _ _ _ _ (the 'e' at the end indicates that you're talking about something female – e.g. a woman or a car etc.)
rendez-vous	This refers to a d . . . or an . . . . ment
_ _ V _	'please respond to this invitation' (Répondez, s'il v . . . pl . . .).
s_ _ v_ _ _r	'a memento of a place or a person'. Traditionally something you brought from your holidays (je me souviens = I remember).
_ _ _ _ _ _ _ _ette	'toilet water' BUT in French they don't mean to say this – they mean 'very weak perfume'!
_ _ _ _ _ _	'again'. When might we hear people shouting this word?
_ _ _ _à	'there it is / there you go'. Pointing something out or solving a problem.
v_ _ -au-v_ _ _	'flight of the wind'. But we eat them!
bureau de _ _ _ _ _ _	'office of change'. We can also say currency exchange.

Les mots français – une salade russe !

Issue premièrement du latin, le français s'est enrichi des apports d'autres langues. Il a beaucoup changé et continue de changer même aujourd'hui.

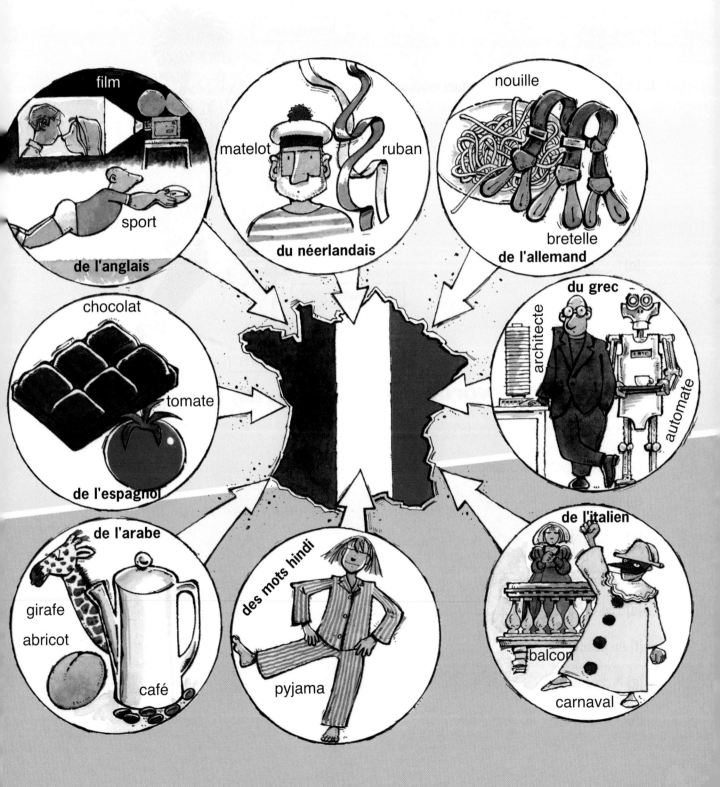

film
sport
de l'anglais

matelot
ruban
du néerlandais

nouille
bretelle
de l'allemand

chocolat
tomate
de l'espagnol

du grec
architecte
automate

girafe
abricot
café
de l'arabe

des mots hindi
pyjama

de l'italien
balcon
carnaval

Le français des jeunes

Et vous ? Essayez de déchiffrer le français des jeunes.
Le franglais is 'made up words' that have come from the
English language. Par exemple : le magazine, le
chewing gum.

1. Le franglais. Ajoutez quatre autres mots vous-même.

  (a) Le gadget

  (b) Les mass-medias

  (c) _____

  (d) _____

  (e) _____

  (f) _____

le look

le magazine

le label

le sweatshirt

le blue jean

le chewing gum

les baskets

le top du hit parade

Chopped-off words (after Dr Guillotin page 159).

2. Le français guillotiné ! Les mots se terminent en – **o**.

  (a) An ecologist (à la Greenpeace)   un(e) écolo

  (b) Geography   la _____

  (c) A laboratory   un _____

  (d) Retrograde, nostalgic   _____

  (e) The weather forecast   la _____

  (f) An editorial   un _____

  (g) A drug addict   un(e) _____ (full form: toxicomane)

  (h) A dictionary   un _____

3. Ces mots restent guillotinés.

(a) The baccalaureate   le _____

(b) Publicity/advertising   la _____

(c) University/faculty   la _____

(d) Capable   _____ (Tu es —— de faire ça)

(e) Opportunity/occasion   l' _____

(f) Aluminium   l' _____

Word patterns

English and French words are sometimes very similar. Look at these patterns and fill in the missing words.
You may have to make minor changes in spelling.

	French	English		French	English
Pattern 1	-é	-y	**Pattern 4**	-re	-er
	l'universit**é**	universit**y**		cent**re**	cent**er**
	ponctualité				October
	_____	publicity		ordre	
	_____	capacity			_____
			Pattern 5	-e	- (omitted)
Pattern 2	-^-	-s-		la class**e**	class
	l'h**ô**pital	ho**s**pital		aide	_____
	honnête			_____	visit
	_____	isle		forme	_____
Pattern 3	-que	-c	**Pattern 6**	-ion	-ion
	scepti**que**	scepti**c**		la condit**ion**	condit**ion**
	fantastique			la position	presentation
	_____	panic		_____	_____
	mécanique	_____		l'information	observation
	comique	_____		la promotion	_____
				_____	profession

Sephora

Faites correspondre les enseignes suivantes au type de commerce indiqué.

1. LA RONDE DE PAIN

A. L'alcool

2. FNAC

B. Les livres, les CD et les DVD

3. DÉCATHLON

C. Les articles de sport

4. CASINO

D. Les articles pour le jardin

5. JARDILAND

E. Le pain et la pâtisserie

6. HALLES AUX CHAUSSURES

F. Le supermarché

7. LE COMPTOIR DES VINS

G. La mode féminine

8. PROMOD

H. Les articles pour les animaux

9. FLUNCH

I. Les fleurs et les plantes

10. SEPHORA

J. Les souliers et les sandales

11. FLEURS ET TENDANCES

K. Le fast-food

12. NOS CENT AMIS

L. Les produits de beauté

1	2	3	4	5	6	7	8	9	10	11	12

Transition Extra révèle

Read these short interesting articles and answer the questions below.

Daniel Radcliffe souffre de troubles neurologiques

A 19 ans, Daniel Radcliffe – Harry Potter à l'écran – ne parvient toujours pas à lacer ses chaussures et a une mauvaise écriture ! La faute à sa « dyspraxie ». Pour la première fois, le jeune acteur évoque ces troubles neurologiques qui l'empêchent d'accomplir des gestes simples, de coordonner la pensée, le regard et le mouvement.

1. Name one physical difficulty that Daniel Radcliffe has.
2. Explain what 'dyspraxia' is according to this article.

Marilyn prend un coup de vieux

Si elle n'était pas morte le 5 août 1962, Marilyn Monroe aurait 82 ans. Andrzej Dragan, photographe polonais réputé pour la crudité de ses portraits a vieilli le portrait de Marilyn avec des logiciels de retouche. Dragan s'est également essayé à vieillir Bruce Lee ou, plus provocateur, Adolf Hitler. http://www.andrzejdragan.com

3. What was unusual about the picture of Marilyn Monroe described here?
4. What will you also find if you look up the website given?

Thierry Henry a peur pour sa fille

Les gardes privés que le nouveau capitaine des Bleus a engagés pour protéger Téa, sa fille de 3 ans, ont mis en fuite deux malfaiteurs qui rôdaient autour du manoir londonien où vivent la fillette et Claire, l'ex-femme de Thierry Henry. En relevant la plaque de la voiture dans laquelle les malfaiteurs ont pris la fuite, la police aurait, selon le *Daily Mirror*, identifié un dangereux truand d'Europe de l'Est. Le cauchemar continue pour le footballeur dont la famille avait déjà été menacée de rapt pendant l'été 2007.

5. Who is Téa?
6. Where do Claire and Téa live?
7. Who do the police think is the culprit?
8. What happened last summer?

Les soirées interdites aux plus de 18 ans.

Ça vient de sortir et ça marche fort à Paris : des soirées en boîte spécialement conçues pour les mineurs ! L'idée te plaît ? *Lolie* t'en dit plus !

1. Il y a deux ans, deux jeunes Parisiens de 19 ans ont eu la riche idée d'importer en France le concept londonien des soirées en boîte réservées aux 13-18 ans. Après des débuts balbutiants, les soirées font désormais salle comble et gagnent en notoriété auprès des jeunes. « Au commencement, on voulait tellement rassurer les parents sur le bien-fondé de notre entreprise qu'on leur faisait signer des autorisations parentales. On avait même engagé une infirmière en cas de pépin », raconte Romain, un des instigateurs.

2. Concrètement, comment ça se passe ?

C'est très simple, les organisateurs louent une discothèque de 19 heures à 23 heures, avant qu'elle n'ouvre ses portes aux adultes. La soirée se déroule comme pour les majeurs : à l'entrée, il y a une personne chargée de la sécurité et un physionomiste qui vérifie le *dress code* (l'habillement). « Évidemment, les baskets sont autorisées, confie Romain, on vérifie juste que les gens ont une tenue correcte ». Une fois à l'intérieur, on ne voit pas la différence avec une boîte classique, on se déhanche sur la piste. Il y a même des distributions de tee-shirts et de sucettes *Chupa Chups* ! Seule différence majeure avec les boîtes pour adultes : on n'y sert pas d'alcool.

3. Quand les RP recrutent !

Vers 22 heures, c'est l'heure de pointe. Quand la soirée bat son plein, elle peut accueillir jusqu'à 500 personnes. « C'est déjà dur de faire venir 30 personnes à une fête, alors 500, je me demande comment ils font », s'interroge Élodie, 14 ans. C'est là que les RP (relations publiques) entrent en scène. Tout dépend d'eux ! Mais c'est quoi un RP ? C'est un jeune de 15-16 ans, leader dans son bahut, qui fait parler de la soirée et vend les places que lui donne l'organisateur. En échange, il a des places gratuites dans le coin VIP et une rémunération (60€ pour 20 préventes).

4. À 23 heures, tout le monde au lit !

À 23 heures, tout le monde se dirige vers la sortie, retrouve papa-maman, un taxi ou même une limousine pour les chanceux, et rentre au bercail. Un brin élitiste, ces soirées ? « C'est vrai qu'on a commencé dans le milieu aisé de l'Ouest parisien, confesse Romain, mais maintenant, les gens viennent de tout Paris et même de banlieue ». La soirée coûte entre 15€ et 20€ en prévente et 5€ de plus sur place. « Ça a l'air plus sympa que les fêtes entre copains. Au moins, les parents ne sont pas là à nous surveiller, constate Aurélie, 15 ans, mais 20€, c'est quand même un peu cher ».

1. Quand est-ce que les soirées spéciales pour les moins de 18 ans ont commencé à Paris ? (Section 1)

_____

2. D'où (de quel pays) vient cette idée ? (Section 1)

_____

3. Relevez les mots qui disent que l'idée n'a pas eu un grand succès immédiatement ? (Section 1)

_____

4. À quelle heure se termine la disco des jeunes ? (Section 2)

_____

5. Qu'est-ce qu'on peut obtenir pendant la disco ? (Section 2)

_____

6. Qu'est-ce qu'on ne peut pas acheter ? (Section 2)

_____

7. Pourquoi Élodie est-elle étonnée ? (Section 3)

_____

8. Comment est-ce qu'on encourage les jeunes à vendre les places de disco à leurs amis ? (Section 3)

_____

9. The success of this disco seems to be the way in which it is organised. Comment on this with reference to the text (2 points).

_____

_____

_____

_____

_____

Complétez cette description de votre journée scolaire

Je vais à _____. C'est une école _____ de

_____ élèves. Comme uniforme, je porte _____

_____

Au lycée, il y a _____

Les installations sportives sont bonnes, il y a _____

_____

Les cours commencent le matin à _____et finissent l'après-midi à

_____. La petite récréation est à _____.

Cette année, je suis ravi(e) parce que je suis en année de transition donc je peux _____

_____

Je fais un tas de nouvelles matières comme _____

_____.

Nous avons fait beaucoup de sorties aussi, nous sommes allé(e)s _____

_____.

Je rentre à la maison à _____.

Et ensuite je _____.

Ma journée préférée est le _____

parce que _____.

Lisez le passage ci-dessous et remplissez les blancs avec les mots donnés ci-dessous

Les mots ne sont pas dans le bon ordre.

les, en, sudoku, dollars, rôle, joué, jury, juge, par, mois

Juge choqué par le jeu de Sudoku

_____ Australie, un procès au tribunal a dû être annulé parce que _____ membres

du jury jouaient au _____ Le procès qui portait sur des drogues a duré trois _____

et a coûté des millions de _____. Un des accusés a porté plainte contre le juge Peter

Zahra et le membre principal du _____ a été questionné. Après avoir été questionnés,

les membres du jury ont répondu qu'ils ont _____ quatre peut-être cinq fois au sudoku.

Le _____ a été choqué.

On a appelé plus de cent témoins. Le procès a coûté plus de 20 000 $ _____ jour.

« C'est incroyable ! J'avais expliqué plusieurs fois au jury l'importance de leur _____

et qu'ils étaient eux-mêmes des juges.

Get writing !

Le mél

A group of your friends and yourself have decided to host dinner parties for your gang of 10 friends to practise your cookery skills and have a bit of fun. It is your turn and you decide to cook a French meal. To give the whole event a bit of class you issue the invitations in French.

• Say that you would like to invite everyone to your house next Saturday, the 10th of January.
• You hope to serve food at 9 o'clock sharp.
• Ask your friends to bring any French CDs they have.

La lettre

Write a letter to a school in a French-speaking part of Belgium and say that you would like to spend a term there in order to improve your French.

La carte postale

You, your older brother and some of your friends spent a weekend in Carcassonne. Write a postcard to your French friend mentioning:
• the weather
• what you did
• what the food was like.

Le message

Write a note to your French teacher asking for permission to organise a French day for your class. Say that
• you will speak French
• you will play French music
• you will tidy up afterwards.

Le journal intime

Vous passez l'été en Irlande. Il pleut tout le temps. Il y a des inondations partout. Vous voulez partir en vacances en France avec vos amis mais vos parents ne sont pas d'accord.
Qu'est-ce que vous notez dans votre journal intime ?

Mémo
You will get help with these in the final unité

Transition Aide !

- The document
- The letter
- Working in French on your computer
- Le message
- Journal intime
- Carte postale
- Qu'en pensez-vous ?
- Les nombres

L'épreuve orale

It is really important that you try to speak French as much as possible. *Make the Transition* helps you build up your vocabulary and develop your confidence for speaking French.

In each 'unité' you will find a speech bubble page with a student describing his/her experiences and activities relating to a particular subject. It is a good idea to have your own 'épreuve orale' notebook where you can answer the questions given in the speech bubbles, and also the questions that appear directly after these exercises for yourself. That way you can have a great foundation for your oral Leaving Cert prepared.

Marks

The marks going for the oral are approximately a quarter of the exam as a whole (25% of the Higher Level paper and 20% of the Ordinary Level paper). The oral component (i.e. listening and speaking together) make up 45% of both papers.

The oral interview in the Leaving Cert exam is a one-to-one conversation between the examiner and you, lasting a quarter of an hour (13 minutes of interview and 2 minutes marking time during which you stay in the room). Your examiner will be testing your:

- **pronunciation:** 20 marks
- **vocabulary:** 20 marks
- **communication skills i.e. your ability to keep a conversation going:** 30 marks
- **structure (grammar):** 30 marks.

The subjects covered in *Make the Transition* provide perfect preparation for your épreuve orale.

The document

You are strongly advised to bring in a document to your oral exam. This allows you to choose a topic that you would like to talk about and makes your oral predictable. You can bring in a photograph, a picture, or an article on pretty much anything that you are interested in, so long as it contains no English. Higher Level students should consider something with a cultural French connection if possible.

Transition Year presents the perfect opportunity to prepare this document. It is when you can follow your own interests and passions. Use *Make the Transition* to get ideas and inspiration and discover websites to create the perfect document. Look at all the épreuves orales to get ideas from other students' documents. Listen to other students describe their projects and dossiers in the listening passages. Follow through on whatever websites take your fancy.

Mémo

You are marked on your conversation about your document, rather than on the actual document itself.

La lettre

You should already be familiar with writing informal letters from your Junior Cert. This is a skill you will need for the Leaving Cert also.

Format of the letter

On the top right hand side of the letter, you write the name of the place you are in, followed by the date.

You greet your correspondent with *Cher* (for a boy) and *Chère* (for a girl).

Some suggested letter endings:
- *C'est tout pour le moment*
- *Dis un grand bonjour à tout le monde de ma part*
- *J'attends de tes nouvelles avec impatience*
- *Bien cordialement*
- *Amicalement*
- *Avec toute mon amitié*
- *Je t'embrasse*

> ### Mémo
> Remember you write *le* before the date (number form) followed by the month (small letter) (no *de*)
> Par exemple :   Dublin, le 23 mai

For some more ideas look at this letter Zach wrote to his friend Caití during the term he spent in France (see Unité 2)

Limoges, le 22 octobre

Chère Caití,

J'adore ma vie en France. C'est extra ! Je me suis fait un tas de nouveaux amis et j'aime beaucoup le fait que l'uniforme ne soit pas obligatoire ici. Je peux porter ce que je veux à l'école ! Quand même, la plupart des Français portent des jeans et des pulls bleu marine ! C'est beaucoup mieux que notre uniforme en Irlande !

L'école commence très tôt le matin (8 heures ! C'est ridicule !). Je ne peux pas me lever quand le réveil sonne à six heures et demie. Impossible ! Les cours finissent à cinq heures. La journée est trop longue ! Heureusement, nous avons deux heures de libre à l'heure du déjeuner. En général, je joue au foot avec Louis, Marc et les autres garçons.

Deux bonnes idées ! Quand nous n'avons pas cours, nous pouvons sortir du lycée. Généralement, on va au café du coin. Et puis, à l'école, il y a des salles réservées aux élèves. À mon retour, je vais demander au directeur si nous pouvons avoir quelque chose comme ça chez nous en Irlande.

C'est tout pour l'instant. Écris-moi vite et raconte-moi tout ce qui se passe à l'école (tous les détails sans censure s.t.p.).
Grosses bises,

Zach

Working in French on your computer

Whenever you have to do a written assignment in French it is a good idea to type it up on a computer with all the accents correctly inserted. You could have your own perfect 'épreuve orale' book prepared or even your personal account of your work experience all neatly printed and ready to include in your Transition Year folder.

Spellcheck

Make sure your computer can detect what language you are working on, and after every paragraph or quarter page, run a spellcheck to detect errors and glitches. (Your computer will even detect incorrect genders for you and provide you with a sort of guardian angel to sit beside you and correct your French!)

Accents

Here's how to include the accents when you are typing in French:
- go to **insert** on your toolbar. Click on **symbol** and insert the accent you want. The most commonly used symbols will appear on the bottom row of recently used symbols
- the most frequently used accent in French is **é**. This is easily obtained by pressing **Alt Gr *and* e** at the same time
- another way of getting accents is by pressing **alt +** a number (on the right hand keys). Here are the numbers for the most commonly used accents in French:

Alt + 133 = à	Alt + 131 = â
Alt + 130 = é	Alt + 137 = ë
Alt + 138 = è	Alt + 136 = ê
Alt + 151 = ù	Alt + 135 = ç
Alt + 128 = Ç	Alt + 147 = ô

Le message

Again you will have learned this skill for your Junior Cert but it continues to be a vital part of your Leaving Cert work.

- Firstly decide whether your message demands the use of the **tu** or **vous** form and remember to check that you are consistent throughout your work.
- It's a good idea to mention the time and day on the top right-hand side.

Starting off

Paul a téléphoné … / Paul vient de téléphoner …	*Paul phoned / Paul has just phoned*
Pendant votre / ton absence Henri est passé.	*While you were out Henry paid a visit.*
Juste un mot pour vous / te dire que …	*Just a note to let you know that …*

Making arrangements

Vous voulez / Tu veux aller à la piscine ?	*Do you want to go to the swimming pool?*
Ça vous / te dit de sortir ce soir ?	*Do you fancy going out this evening?*
Aimeriez-vous / Aimerais-tu me retrouver ?	*Would you like to meet me?*
Pouvez-vous / Peux-tu venir me chercher à … ?	*Could you collect me at …?*

Making contact

Pouvez-vous / Peux-tu me téléphoner ?	*Could you ring me …?*
Je vous / te téléphonerai plus tard.	*I'll phone you later.*

Finishing off

À très bientôt / À tout à l'heure.	*Talk to you later.*

Exemple

Tristan leaves a note for Amandine to ask her to go to the disco with him.

10 h samedi matin

Amandine,

Je suis passé ce matin. Peut-être étais-tu encore au lit ? Je dois aller jouer au foot maintenant. Tu es libre ce soir ? Veux-tu aller en boîte avec moi ?

Envoie-moi un texto ! J'aurai mon portable avec moi.

À bientôt,
Tristan

Journal intime

A journal intime or diary entry is rather personal in that you mention how you feel about things. It is important that you prepare a number of phrases to express anger, sadness, happiness etc. for this.

Starting off
Either use 'Cher journal' or give your diary a name. Exemple: Cher Charlie ! (Anne Frank called her diary Kitty.)

Bad things / being upset

Que je suis déprimé(e) !	*I'm so depressed!*
Je suis vraiment fâché(e) !	*I am really angry!*
Quel désastre !	*What a disaster!*
Quelque chose d'horrible vient de se passer !	*Something dreadful has just happened!*
Que c'est embêtant !	*It's really annoying!*
Ça me gêne !	*That annoys me!*

Good things / being happy

Aujourd'hui tout s'est bien passé !	*Things went well today!*
Je suis ravi(e) !	*I'm thrilled!*
Tout va bien aujourd'hui !	*Everything is going well today.*
Ce que j'aime le plus, c'est …	*What I like best is …*
Tout va bien en ce moment.	*Everything is going well at the moment.*

Could be either good or bad

Quel matin !	*What a morning!*
Quelle journée !	*What a day!*

Finishing up

Je vais me coucher maintenant.	*I'm off to sleep now.*
À demain.	*Talk tomorrow.*

Exemple
All your friends are going away to Galway for the weekend. Unfortunately your parents think that you should study!

---

11 h vendredi

Cher Charlie,

J'en ai assez de mes parents démodés ! Tout le monde, y compris Tara et ses parents super stricts, va à Galway le week-end prochain sauf moi ! C'est ridicule ! C'est trop injuste ! Ils disent que je dois étudier pour le Leaving Cert qui approche et tout ça.
J'en ai marre ! Mais que faire ?

11 h 30

J'ai une idée ! Je vais parler à papa tout seul. Il est moins strict que maman. Peut être que j'arriverai à le persuader de me laisser y aller. J'espère que oui. À demain, Charlie !

Carte postale

Postcards by their very nature are short and are generally on the topic of holidays.

Starting off

Here are some tips:

- start by naming the place and following with the date, e.g. *Limoges, le 7 juillet*
- postcards tend to be casual and punchy. Use expressions such as:

Salut tout le monde !	*Hi everyone!*
Bonjour à vous tous !	*Hello all!*
Cher Simon / Chère Élise	*Dear Simon / Dear Elise*

Say where you are

Je suis arrivé(e) hier.	*I arrived yesterday.*
Me voici en vacances en Charentes.	*Here I am on holidays in Charentes.*
Je passe une semaine à Lyon.	*I'm spending a week in Lyon.*

Say what you are doing

Je rencontre beaucoup de jeunes.	*I'm meeting lots of young people.*
Je mange des crêpes délicieuses en Bretagne.	*I'm eating delicious pancakes in Brittany.*

Finishing off

Salut pour le moment.	*Goodbye for now.*
Je pense à toi !	*I'm thinking of you.*
Ton ami(e) …	*Your friend …*

Exemple

Les Fragnes, le 15 avril

Salut tout le monde !

Me voilà dans le Limousin ! C'est le paradis ici ! Il y a tant à faire ! Il y a un parc avec des lamas. Le nouveau bébé est adorable et la pêche est magique ! J'ai fait des randonnées en famille. Le paysage est superbe et nous avons vu des cerfs, des sangliers et des oiseaux extraordinaires. Nous restons dans un gîte sympa. J'adore les croissants délicieux qu'on peut acheter à la boulangerie à Nouzerines, près d'ici.
Ce sont les meilleures vacances que nous avons jamais passées ! Allez sur le site www.lesfragnes.com. Vous adoreriez la vie ici !

Amicalement,
Jack

Mary Ryan,
10 Park Avenue,
Limerick,
Irlande

Qu'en pensez-vous ?

An important skill for the oral exam and for the Higher Level Leaving Cert paper is to be able to give your opinion in French. This can be made much simpler by learning some suitable vocabulary.

Be careful of genders. In particular note that le **problème** is **masculine** but la **crise** and la **solution** are **feminine**.

How to agree

Je suis complètement d'accord avec Dorian.	*I totally agree with Dorian.*
Je partage l'opinion de Margaux.	*I share Margo's opinion.*
J'accepte l'importance de ce que Marc vient de dire.	*I appreciate the importance of Mark's viewpoint.*
Je dois admettre que Sophie a raison.	*I have to admit that Sophie is right.*
Ça, c'est vrai !	*That's true!*

How to disagree

Je suis tout à fait contre le point de vue de Nicolas.	*I totally disagree with Nicolas's perspective.*
Je suis contre l'idée de Max.	*I disagree with Max's idea.*
Il est impossible pour moi de partager le point de vue d'Ambre.	*I just can't accept Amber's point of view.*
Je crois que Candice a tort.	*I think that Candice is wrong.*
Ça, c'est faux !	*That's wrong.*

Handy phrases

Je dois …	*I have to …*
D'abord … ensuite … enfin …	*Firstly … then … finally …*
Selon les sondages …	*According to surveys …*
De toute façon …	*In any case …*

Offering your solution

Toute réflexion faite …	*After due consideration …*
Une chose est sûre …	*One thing is certain …*
En fin de compte, je crois que …	*At the end of the day I think that …*

Acknowledgements and Copyright

Chapter 1 – 4 articles on shaving 'Le petit secret des rasoirs © *Ça m'intéresse*. No 292 Juin 2005 p.99 Prisma Presse; extract from *Le garçon en pyjama rayé* by John Boyne, translated by Catherine Gibert © Éditions Gallimard Jeunesse pour la traduction française. Reproduced by kind permission of the author and United Agents. Chapter 2 – 'Immersion totale à Dublin', *L'Oise Économie* no. 92, décembre-janvier 2004; extract from *Si c'était vrai* by Sylvie Bataille © Hachette Livre Education. Chapter 3 – 'Le diagnostic du Dr Pelloux' © *Télé-Loisirs no. 1168*, published by Prisma Presse; 'Les glaces d'Eva' from *Sud-Ouest*, 21.7.08; '85 000 personnes' *Réponse à Tout* ! Juillet 2008, p. 59 ; 'Le fan qui en savait trop' *Réponse à Tout !* décembre 2007; Chapter 10 - Interview with America Ferrera *Starclub* T04622; Chapter 4 – article on Amy Winehouse *Star Club*, T04622, p.17. Chapter 5 – interview with Noëlle Châtelet © *Femme Actuelle* – Prisma Presse décembre 2008; 'Combien pèse une tête?', 'Est-ce que manger de carottes améliore la vue?', 'Pourquoi les ivrognes ont-ils le nez rouge?' et 'Pourquoi-a-t-on des sourcils?' written by Laetitia Brunet, *Science et Vie Junior*, hors séries no. 67, janvier 2007. Chapter 6 – 'Les Suisses utilisent toujours plus la tactique du clic pour trouver un job', *Le Matin Bleu* 7 septembre 2006; 'Le stage en entreprise', © *Femme Actuelle* – Prisma Presse no. 208 15-28 novembre 2007. 'Les temps perdu' by Jacques Prévert from *Paroles* (Folio Plus) © Éditions Gallimard 1976. Chapter 7 – 'Sous main' from *Décors Malin* by Charles Guerrier (Coll. *Les Petits Chefs* © Hachette 1992 ISBN 210 0196090 2936 123001/1. Chapter 9 –'Le thé vert anti-allergique ?' *Top Santé* No. 146 Nov 2002 p.11; 'Un lait de vache naturellement allege?' *Avantages Cuisine* Oct 2007 p.46; extract from *Le Journal de Bridget Jones* by Helen Fielding translated by Arlette Stroumza © 1996 H. Fielding / 1998 Éditions Albin Michel 1998. Chapter 10 – *L'Amour Toujours* by Fanny Joly-Catel, pp.22-7 © Bayard Jeunesse 2004. Chapter 11 – 'Pots Nature' from *Décors Malin* by Charles Guerrier (Coll. *Les Petits Chefs* © Hachette 1992 ISBN 210 0196090 2936 123001/1. 'Sauvé par la photo' © *Ça m'intéresse*. No 342 février 2008 *Prisma Presse* Chapter 12 – 'Le guide du musalman dans l'espace', *Réponse à tout !* Décembre 2007 p.56; '9000$' *Réponse à tout !* février 2008 p.59; '429 milliards de SMS' *Réponse à tout !* février 2008 p.59. Chapter 13 – 'Ah si j'étais riche !' *Modes et Travaux* septembre 2004 p.68; 'Un pourboire au grattage' *Réponse à tout !* avril 2007 p.14; 'Les pompes à essence étaient piégées' *Réponse à tout !* avril 2007 p.19; '222 000$' *Réponse à tout !* avril 2007 p.31; '90% des Norvégiens' *Réponse à tout !* juin 2005 p.35. Chapter 14 – 'Les sept nouvelles merveilles du monde' *L'Etudiant, Hors Série* T01241 p.22; 'Les pays les plus riches' *L'Etudiant, Hors Série* T01241 p.46; 'Quand les Etats-Unis mènent le monde' *L'Etudiant, Hors Série* T01241 p.27; 'Aux urnes citoyens!' *L'Etudiant, Hors Série* T01241 p.27; 'Tous unis pour nos droits !' *L'Etudiant, Hors Série* T01241 p.31; 'La bonne date' *L'Etudiant, Hors Série* T01241 p.30; 'Daniel Radcliffe souffre de troubles neurologiques' *Closer août* 2008; 'Marilyn prend un coup de vieux' *Ça m'intéresse*, no. 330 août 2008, *Prisma Presse* 2008; 'Thierry Henry a peur pour sa fille' *Closer* août 2008; 'La voix de son maître' © *Femme Actuelle* – Prisma Presse no. 1247, p.12, 18-14 août 2008; 'La coupe de cheveux anti-flirt' *Réponse a tout !* Juillet 2008 p.55; 'A la pêche aux crabes' *Sud-Ouest* 21.7.2008; 'Les soirées interdites aux plus de 18 ans' *Lolie* juin 2005 no. 46; Deborah Phelps – c'est leur histoire *Closer* no.167.

Guinness Book of World Records extracts: The featured records have been supplied courtesy of Guinness World Records Limited and are used in the pages of this book and in the tapescripts:
© 2005 Guinness World Records: Interview with Bill Gates, p.91; Interview with Mike Bannister p.140 ; 'Entretien avec Vic Armstrong' p.168; 'L'acteur le mieux payé, p. 170.
© 2006 Guinness World Records: 'Le plus long baiser' p. 36; Interview with David Copperfield, p.179 ; 'Entretien avec Lance Armstrong' p.233.
© 2008 Guinness World Records: 'Premiere greffe du visage' p.2; 'Le plus vieux footballer' p.12; 'Le plus long trajet en kitesurf' and 'Record d'immeubles escaladés' p.61; 'Golfeuse à realizer un hole-in-one' p.74; 'Le plus grand marriage de chiens' p.107; 'Le régime le plus bizarre' p.114; 'Surf' GBWR 2008 p.117; 'Entretien avec JK Rowling' p.128 ; 'Les records de la musique' articles 2008 pp.53, 179-81.

Photos: Alamy, Shutterstock, Corbis, Photocall Ireland, Lucy Hamill, Chris Dagg, Stephanie Dagg, Caitlin Dagg. Also, Unit 2, photo of school children in Patagonia by Susie Kinsella; CES Dublin photo from www.ces-schools.com reproduced by kind permission of Centre of English Schools, Dublin. Unit 3 – FTFS logo and photo of FTFS activity reproduced by kind permission of French Theatre For Schools, www.ftfs.fr. Unit 4 – Le Bureau Export logo reproduced by kind permission of the French Music Bureau, Bureau Export, www.french-music.org. Unit 9 – Chateau Vignelaure wine label reproduced by kind permission of the vineyard's director M. Philippe
www.vignelaure.com.